de School - ysgol	2
de Törn - teithio	5
de Transport - cludiant	8
de Stadt - dinas	10
de Landschop - tirwedd	14
dat Spieslokal - bwyty	17
de Supermarkt - archfarchnad	20
de Drünk - diodydd	22
dat Eten - bwyd	23
de Buernhoff - fferm	27
dat Huus - tŷ	31
de Wahnstuuv - lolfa	33
de Köök - cegin	35
de Baadstuuv - ystafell ymolchi	38
de Kinnerstuuv - ystafell plentyn	42
dat Tüüch - dillad	44
dat Büro - swyddfa	49
de Weertschop - economi	51
de Profeschonen - swyddi	53
dat Warktüüch - offer	56
de Musikinstrumenten - offerynnau cerdd	57
de Deertenpark - sŵ	59
de Sport - chwaraeon	62
de Aktivitäten - gweithgareddau	63
de Familje - teulu	67
de Lief - corff	68
dat Krankenhuus - ysbyty	72
de Nootfall - argyfwng	76
de Eerd - y Ddaear	77
de Klock - cloc	79
de Week - wythnos	80
dat Johr - blwyddyn	81
de Formen - siapiau	83
de Farven - lliwiau	84
de Gegendelen - cyferbyniadau	85
de Tallen - rhifau	88
de Spraken - ieithoedd	90
wokeen / wat / wo - pwy / beth / sut	91
wo - ble	92

Impressum
Verlag: BABADADA GmbH, Nedderfeld 112 , 22529 Hamburg
Geschäftsführer / Verlagsleitung: Harald Hof
Druck: Books on Demand GmbH, In de Tarpen 42, 22848 Norderstedt

Imprint
Publisher: BABADADA GmbH, Nedderfeld 112 , 22529 Hamburg, Germany
Managing Director / Publishing direction: Harald Hof
Print: Books on Demand GmbH, In de Tarpen 42, 22848 Norderstedt, Germany

de School

ysgol

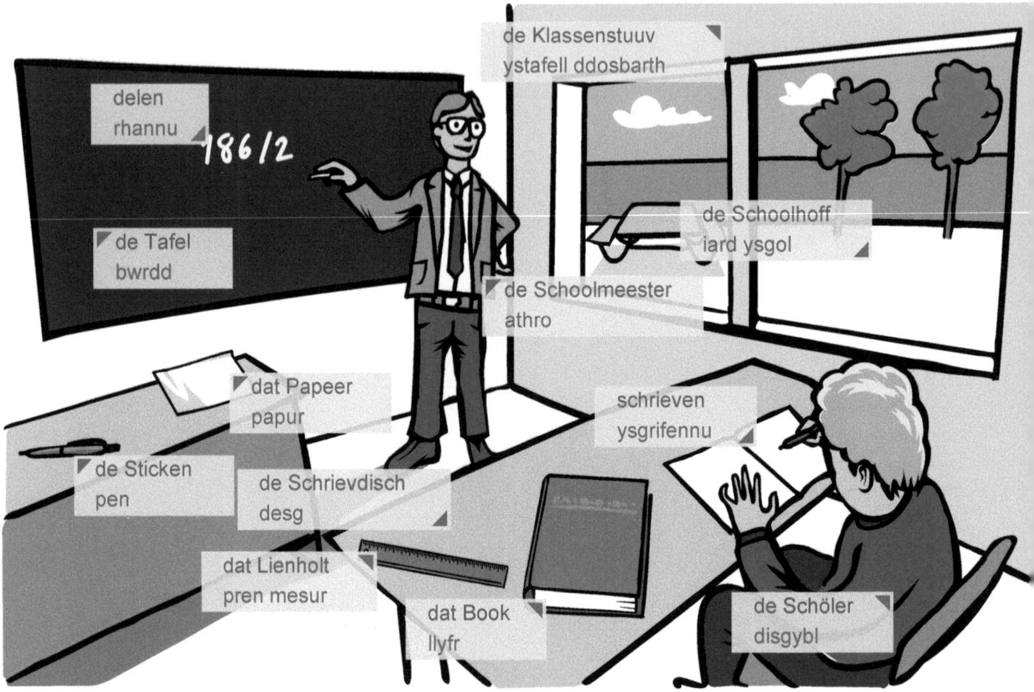
de Klassenstuuv
ystafell ddosbarth
delen
rhannu
186/2
de Tafel
bwrdd
de Schoolhoff
iard ysgol
de Schoolmeester
athro
dat Papeer
papur
schrieven
ysgrifennu
de Sticken
pen
de Schrievdisch
desg
dat Lienholt
pren mesur
dat Book
llyfr
de Schöler
disgybl

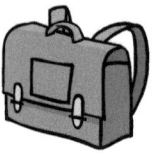

de Ranzel

bag ysgol

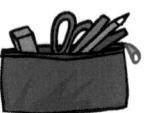

de Feddermapp

blwch penseli

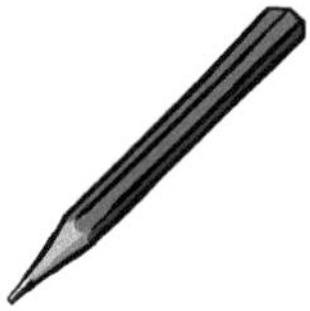

de Bleesticken

pensil

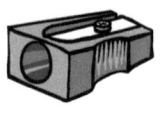

de Scharpmaker

peth rhoi min ar bensil

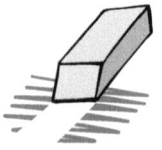

dat Radeergummi

rwber

de Tekenblock

pad arlunio

de Teken

llun

de Pinsel

brws paent

de Malkassen

blwch paent

de Scheer

siswrn

de Klever

glud

dat Heft to'n Öven

llyfr ysgrifennu

de Huusopgaav

gwaith cartref

de Tall

rhif

2+2

tohooptellen

ychwanegu

5-2

aftrecken

tynnu

2×2

malnehmen

lluosi

reken

cyfrifo

de Bookstaav

llythyren

dat ABC

gwyddor

dat Woort

gair

de Text

testun

lesen

darllen

de Kried

sialc

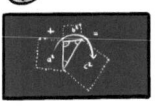

de Stunn

gwers

dat Klassenbook

cofrestr

de Pröven

arholiad

dat Tüügnis

tystysgrif

de Schooluniform

gwisg ysgol

de Utbillen

addysg

dat Nakieksel

gwyddoniadur

de Universität

prifysgol

dat Mikroskop

microsgop

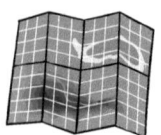

de Koort

map

de Papeerkorf

basged papur gwastraff

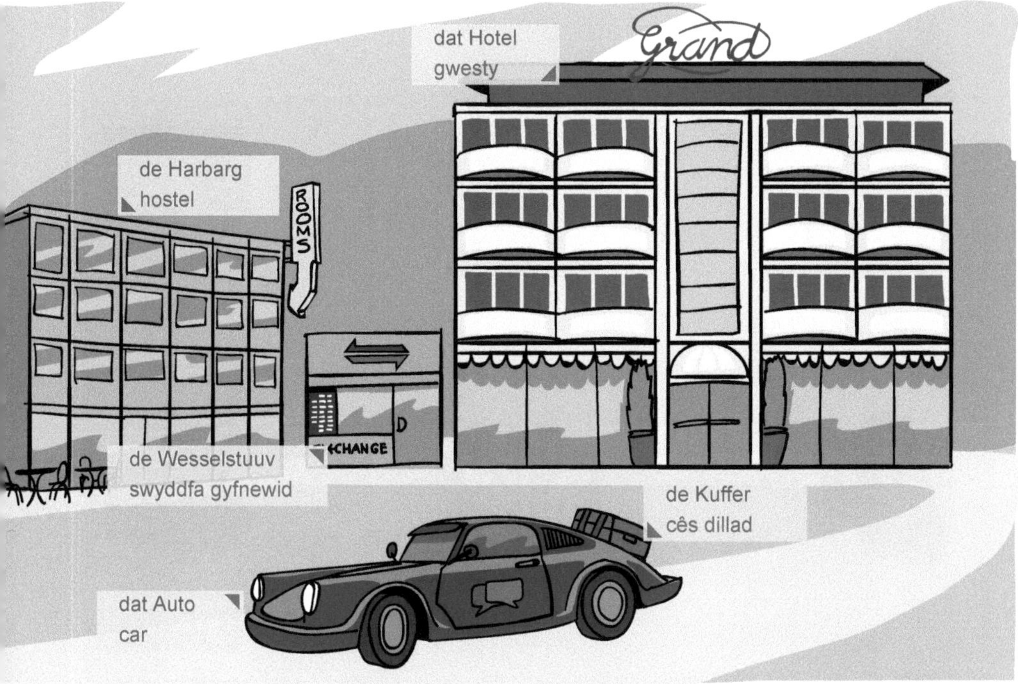

dat Hotel
gwesty
Grand
de Harbarg
hostel
ROOMS
de Wesselstuuv
swyddfa gyfnewid
de Kuffer
cês dillad
dat Auto
car

de Spraak

iaith

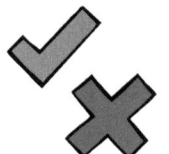

jo / ne

ie / na

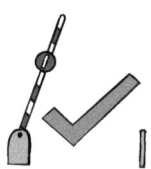

Jo

iawn

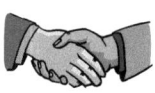

Moin

helo

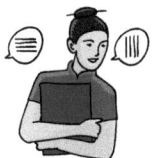

de Översetter

cyfieithydd

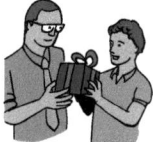

Dank ok

Diolch yn fawr

Wat kost...?

faint yw ...?

Ik verstah nich

Dw i ddim yn deall

dat Problem

problem

Goden Avend

Noswaith dda!

Moin!

Bore da!

Gode Nacht!

Nos da!

Tschüüs

hwyl

de Richt

cyfarwyddyd

de Bagaasch

bagiau

de Tasch

bag

de Rüchsack

gwarbac

de Gast

gwestai

de Stuuv

ystafell

de Slaapsack

sach gysgu

dat Telt

pabell

e Touristeninformatschoon
....
gwybodaeth i ymwelwyr

de Strand
....
traeth

de Kreditkoort
....
cerdyn credyd

dat Fröhstück
....
brecwast

dat Meddageten
....
cinio

dat Avendeten
....
swper

de Fohrkort
....
tocyn

de Fohrstohl
....
lifft

de Breefmark
....
stamp

de Grenz
....
ffin

de Toll
....
tollau

de Bottschop
....
llysgenhadaeth

dat Visum
....
fisa

de Pass
....
pasbort

de Transport
cludiant

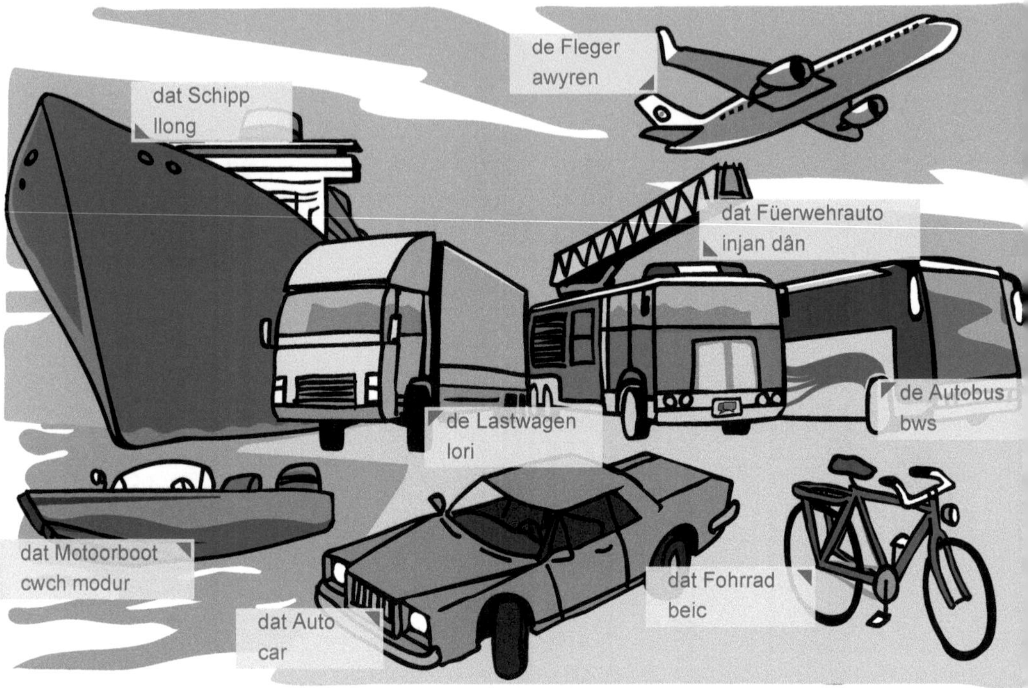
de Fleger
awyren
dat Schipp
llong
dat Füerwehrauto
injan dân
de Autobus
bws
de Lastwagen
lori
dat Motoorboot
cwch modur
dat Fohrrad
beic
dat Auto
car

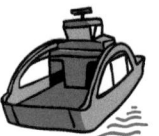

de Fähr

fferi

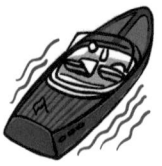

dat Boot

cwch

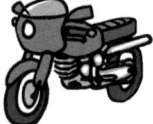

dat Motoorrad

beic modur

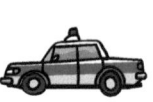

dat Polizeiauto

car yr heddlu

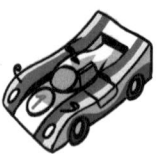

dat Rönnauto

car rasio

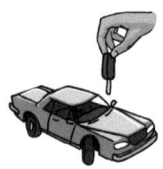

de Lehnwagen

car wedi'i rentu

dat Carsharing

rhannu car

de Afsleepwagen

lori tynnu

dat Müllauto

lori ysbwriel

de Motoor

modur

de Kraftstoff

tanwydd

de Tanksteed

gorsaf betrol

dat Verkehrsschild

arwydd traffig

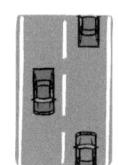

de Verkehr

traffig

de Stau

tagfa draffig

de Afstellplatz

maes parcio

de Bahnhoff

gorsaf drennau

de Sporen

traciau

de Tog

trên

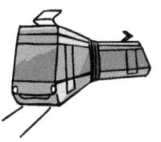

de Stratenbahn

tram

de Wagon

wagen

de Dwarsmöhl

hofrennydd

de Flooghaven

maes awyr

de Tower

tŵr

de Fohrgast

teithiwr

de Grootkist

cynhwysydd

de Karton

paced

de Koor

cert

de Korf

basged

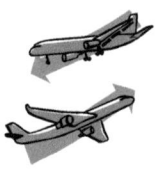

starten / lannen

esgyn / glanio

de Stadt

dinas

dat Dörp

pentref

de Binnenstadt

canol y ddinas

dat Huus

tŷ

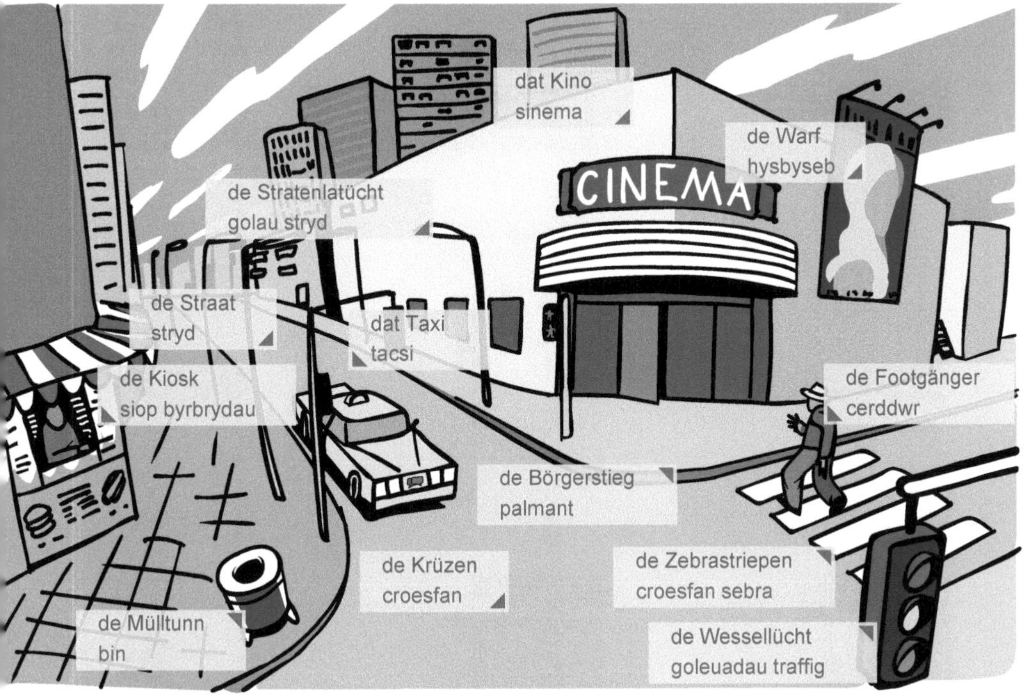
dat Kino
sinema
CINEMA
de Warf
hysbyseb
de Stratenlatücht
golau stryd
de Straat
stryd
dat Taxi
tacsi
de Kiosk
siop byrbrydau
de Footgänger
cerddwr
de Börgerstieg
palmant
de Krüzen
croesfan
de Zebrastriepen
croesfan sebra
de Mülltunn
bin
de Wessellücht
goleuadau traffig

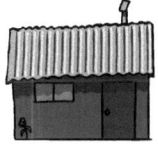

de Hütt

cwt

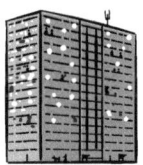

de Wahnung

fflat

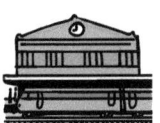

de Bahnhoff

gorsaf drennau

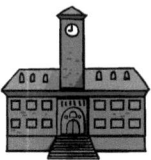

dat Raathuus

neuadd y dref

MUSEUM

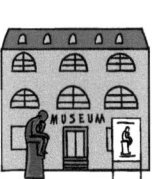

dat Museum

amgueddfa

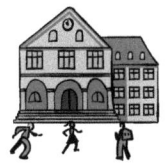

de School

ysgol

de Universität

prifysgol

de Bank

banc

dat Krankenhuus

ysbyty

dat Hotel

gwesty

de Afteek

fferyllfa

dat Büro

swyddfa

de Bookhökerie

siop lyfrau

de Hökerie

siop

de Blomenhökerie

siop flodau

de Supermarkt

archfarchnad

de Markt

farchnad

dat Koophuus

siop adrannol

de Fischhökerie

siop bysgod

dat Inkoopszentrum

canolfan siopa

de Haven

harbwr

de Parkanlaag

parc

de Bank

banc

de Brüch

pont

de Trepp

grisiau

de Ünnergrundbahn

rheilffordd danddaearol

de Tunnel

twnnel

de Busstoppsteed

safle bws

de Bar

bar

dat Spieslokal

bwyty

de Breefkassen

blwch post

dat Stratenschild

arwydd stryd

de Parkklock

mesurydd parcio

de Deertenpark

sŵ

de Baadanstalt

pwll nofio

de Moschee

mosg

de Buernhoff

fferm

de Ümweltversmudden

llygredd

de Karkhoff

mynwent

de Kark

eglwys

de Speelplatz

maes chwarae

de Tempel

teml

de Landschop
tirwedd

dat Blatt
deilen

de Wiespahl
arwydd cyfeirio

de Weg
ffordd

de Wisch
dôl

de Steen
carreg

de Boom
coeden

de Wannerer
heiciwr

de Fluss
afon

dat Gras
glaswellt

de Bloom
blodyn

dat Daal

cwm

de Barg

bryn

de See

llyn

dat Holt

coedwig

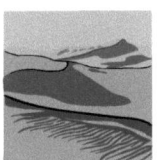

de Wööst

anialwch

de Füerspien Barg

llosgfynydd

dat Slott

castell

de Regenbagen

enfys

de Poggenstohl

madarchen

de Palm

palmwydden

de Steekmück

mosgito

de Fleeg

pryf

de Miegeemk

morgrugyn

de Imm

gwenyn

de Spinn

pryf copyn

de Sebber

chwilen

de Pogg

llyffant

de Katteker

gwiwer

de Swienegel

draenog

de Haas

ysgyfarnog

de Uul

tylluan

de Vagel

aderyn

de Swaan

alarch

dat Wildswien

baedd

de Hirsch

carw

de Elk

elc

de Staudamm

argae

dat Windrad

tyrbin gwynt

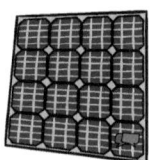

dat Solarmodul

panel haul

dat Klima

hinsawdd

dat Spieslokal

bwyty

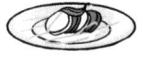

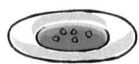

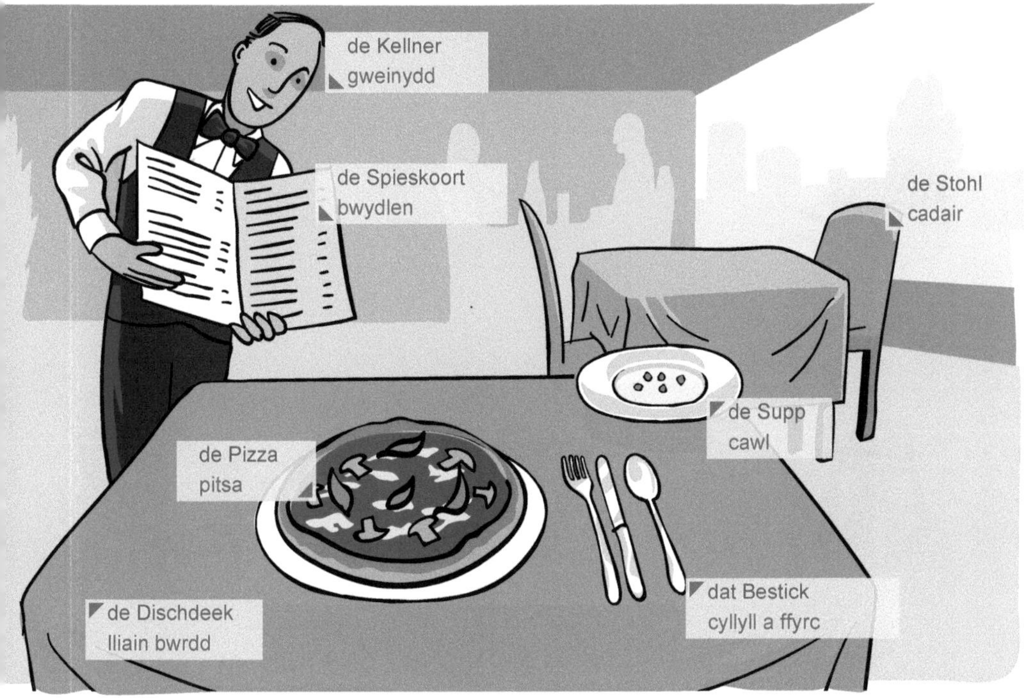
de Kellner
gweinydd
de Spieskoort
bwydlen
de Stohl
cadair
de Supp
cawl
de Pizza
pitsa
dat Bestick
cyllyll a ffyrc
de Dischdeek
lliain bwrdd

de Vörspies
....
cwrs cyntaf

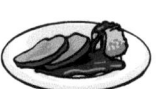

dat Haupteten
....
prif gwrs

de Nadisch
....
pwdin

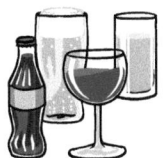

de Drünk
....
diodydd

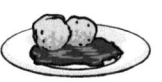

dat Eten
....
bwyd

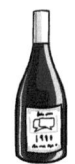

de Buddel
....
potel

dat Fastfood

bwyd cyflym

dat Strateneten

bwyd y stryd

de Teekann

tebot

de Zuckerdoos

powlen siwgr

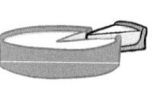

de Portschoon

dogn

de Espressomaschien

peiriant espresso

de Hoochstohl

cadair plentyn

de Reken

bil

dat Tablett

hambwrdd

dat Mess

cyllell

de Gavel

fforc

de Lepel

llwy

de Teelepel

llwy de

dat Munddook

napcyn

dat Glas

gwydr

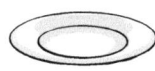

de Töller

plât

de Suppentöller

plât cawl

de Ünnertass

soser

de Sooß

saws

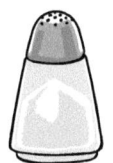

de Soltstreuer

pot halen

de Pepermöhl

melin bupur

de Etig

finegr

dat Ööl

olew

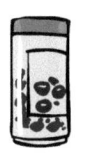

de Krüder

sbeisys

de Ketchup

saws coch

de Mostrich

mwstard

de Mayonnaise

mayonnaise

de Supermarkt

archfarchnad

dat Anbott
cynnig arbennig
FOR
de Kunn
cwsmer
de Melkprodukten
cynnyrch llaeth
dat Aaft
ffrwythau
de Inkoopswagen
troli

BUTCHERS

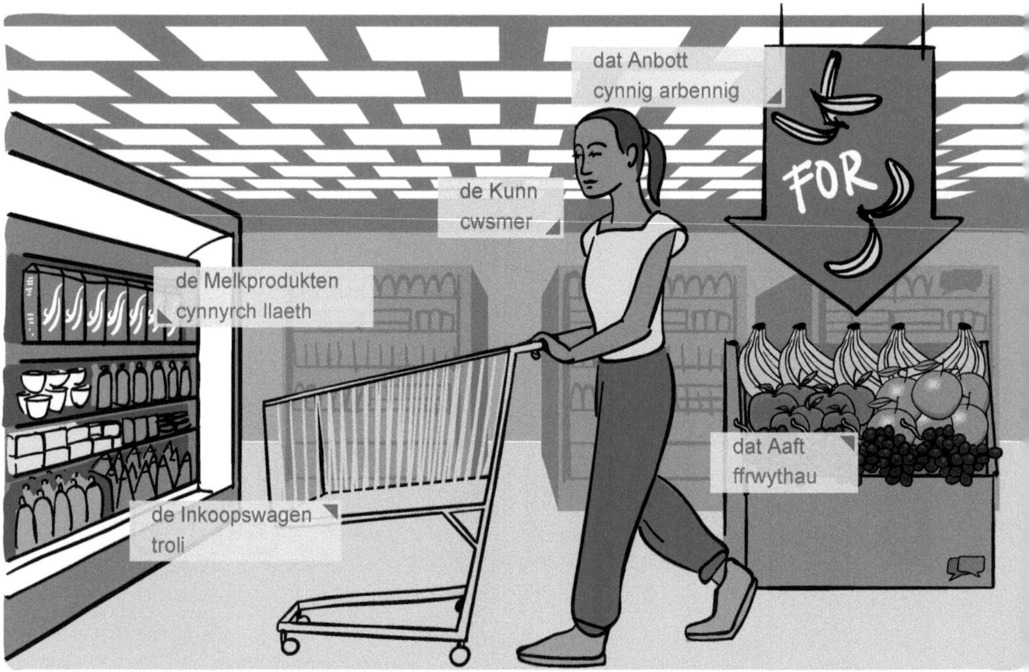

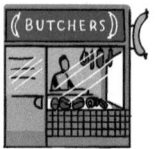

de Slachterie

siop gig

BAKERY

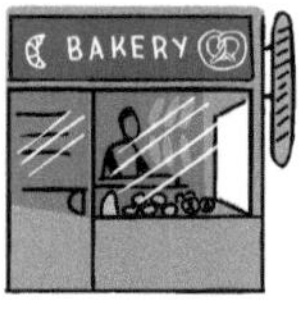

de Bäckerie

siop fara

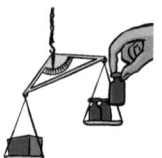

wegen

pwyso

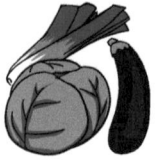

de Gröönsaken

llysiau

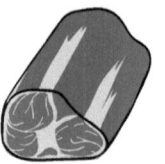

dat Fleesch

cig

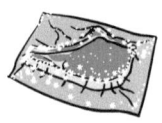

de Deepköhlkost

Bwyd wedi'i rewi

de Opsnitt

cig oer

de Konserven

bwyd tun

de Waschmiddel

powdr golchi

de Snoopkraam

da-da

de Huushooltssaken

cynnyrch cartref

de Reinmaaktüüch

cynhyrchion glanhau

de Verköpersche

gwerthwraig

de Kass

til

de Kasserer

ariannwr

de Inkoopslist

rhestr siopa

de Opsparrtieden

oriau agor

de Breeftasch

waled

de Kreditkoort

cerdyn credyd

de Tasch

bag

de Plastiktüüt

bag plastig

de Drünk
diodydd

dat Water

dŵr

de Saft

sudd

de Melk

llefrith

de Cola

côc

de Wien

gwin

dat Beer

cwrw

de Spriet

alcohol

de Kakao

coco

de Tee

te

de Koffie

coffi

de Espresso

espresso

de Cappucino

cappuccino

de Banaan

ffrwchledd

de Appel

afal

de Appelsien

oren

de Meloon

melon

de Zitroon

lemwn

de Wöttel

moronen

de Knuuvlook

garlleg

de Bambus

bambŵ

de Zibbel

nionyn

de Poggenstohl

madarchen

de Nööt

cnau

de Nudeln

nwdls

de Spaghetti

sbageti

de Ries

reis

de Salat

salad

de Pommes frites

sglodion

de Braadkantüffeln

tatws wedi'u ffrïo

de Pizza

pitsa

de Hamborger

hambyrger

dat Sandwich

brechdan

dat Snitzel

cytled

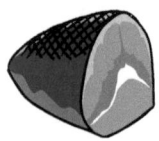

de Schinken

ham

de Salami

salami

de Wust

selsig

dat Hohn

cyw iâr

de Braden

rhost

de Fisch

pysgodyn

de Haverflocken

ceirch uwd

dat Müsli

miwsli

de Cornflakes

creision ŷd

dat Mehl

blawd

de Croissant

croissant

dat Rundstück

bynsen

dat Broot

bara

dat Toast

tost

de Keksen

bisgedi

de Botter

menyn

de Quark

ceuled

de Koken

teisen

dat Ei

wy

dat Spegelei

wy wedi'i ffrïo

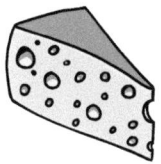

de Kees

caws

de Ies

hufen iâ

de Zucker

siwgr

de Honnig

mêl

de Marmelaad

jam

de Nougat-Creme

siocled taenu

dat Curry

cyri

de Buernhoff
fferm

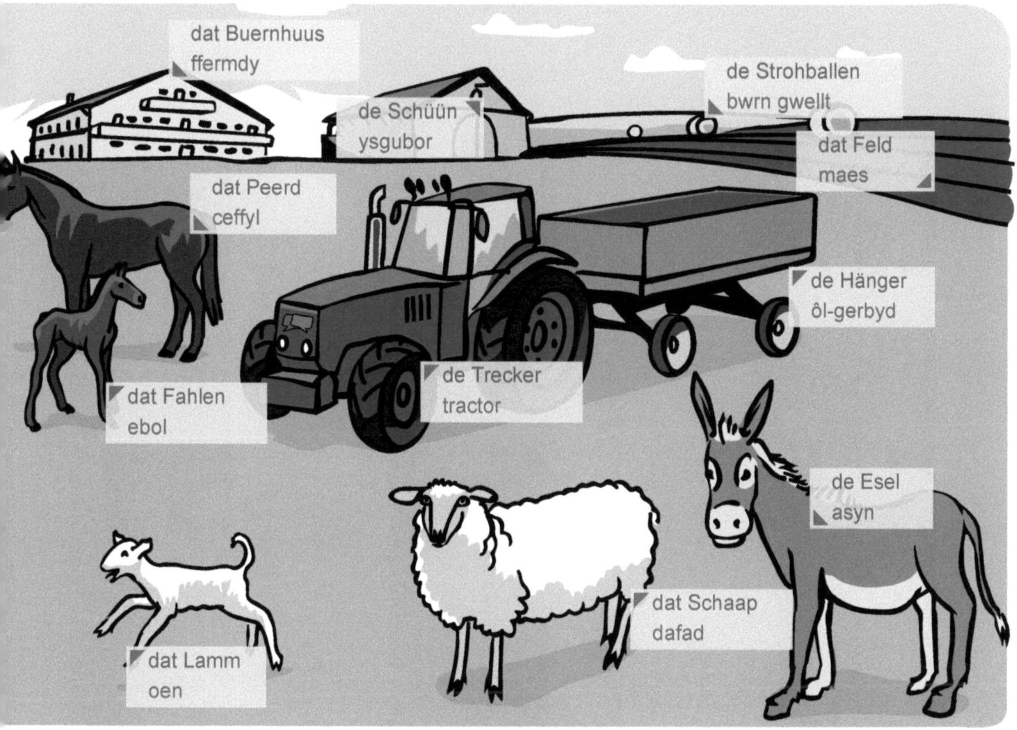
dat Buernhuus
ffermdy
de Schüün
ysgubor
de Strohballen
bwrn gwellt
dat Feld
maes
dat Peerd
ceffyl
de Hänger
ôl-gerbyd
de Trecker
tractor
dat Fahlen
ebol
de Esel
asyn
dat Schaap
dafad
dat Lamm
oen

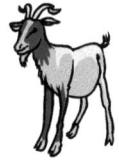

de Zeeg

gafr

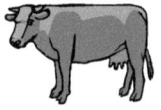

de Koh

buwch

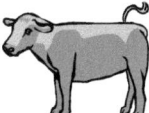

dat Kalf

llo

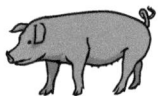

dat Swien

mochyn

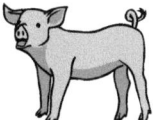

dat Farken

porchell

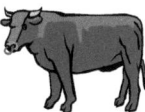

de Bull

tarw

de Goos

gwydd

de Aant

hwyaden

dat Küken

cyw

dat Hohn

iâr

de Hahn

ceiliog

de Rott

llygoden fawr

de Katt

cath

de Muus

llygoden

de Oss

ych

de Hund

ci

de Hunnenhütt

cwt ci

de Goornslauch

pibell ddŵr

de Geetkann

can dŵr

de Lee

pladur

de Ploog

aradr

de Sich

cryman

de Hack

fforch chwynu

de Mestfork

picwarch

de Ext

bwyell

de Schuufkoor

berfa

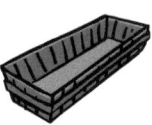

de Trog

cafn

de Melkkann

tun llefrith

de Sack

sach

de Tuun

ffens

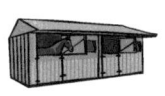

de Stall

stabl

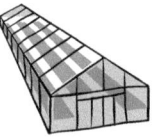

dat Drievhuus

tŷ gwydr

de Bodden

pridd

de Saat

hedyn

de Dünger

gwrtaith

de Meihdöscher

dyrnwr medi

oornen
cynaeafu

de Oorn
cynhaeaf

de Yamswöttel
iamau

de Weten
gwenith

dat Soja
soi

de Kantüffel
tysen

de Törksche Weten
grawn

de Rapp
had rêp

de Aaftboom
coeden ffrwythau

de Troopsch Kantüffel
manioc

dat Koorn
grawnfwydydd

dat Huus
tŷ

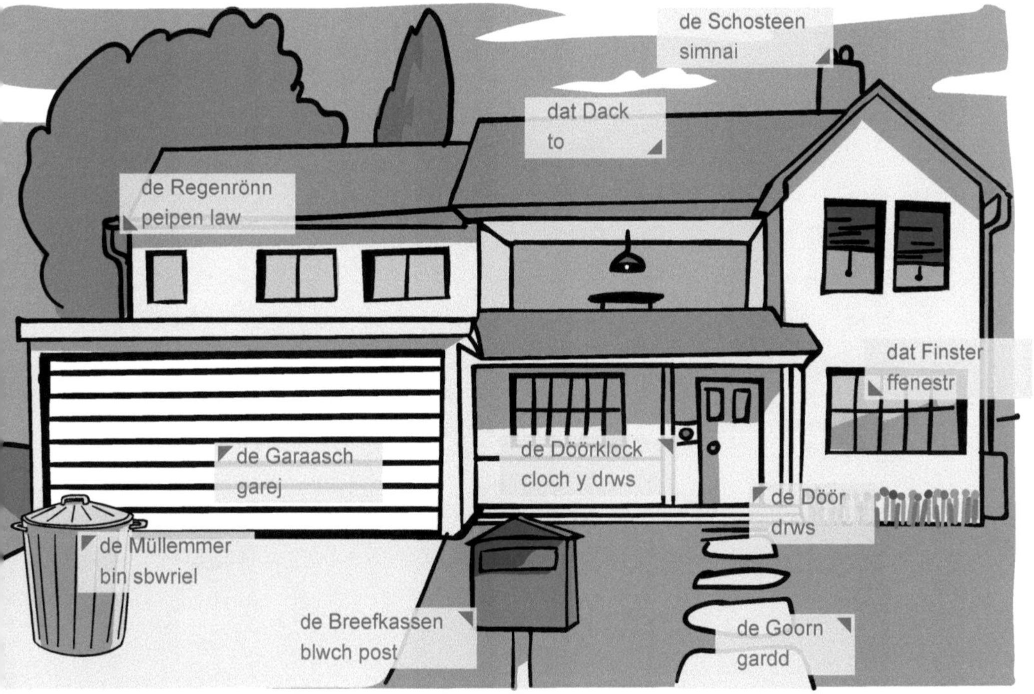
de Schosteen
simnai
dat Dack
to
de Regenrönn
peipen law
dat Finster
ffenestr
de Garaasch
garej
de Döörklock
cloch y drws
de Döör
drws
de Müllemmer
bin sbwriel
de Breefkassen
blwch post
de Goorn
gardd

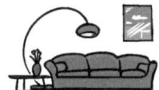

de Wahnstuuv

lolfa

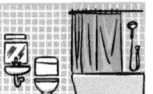

de Baadstuuv

ystafell ymolchi

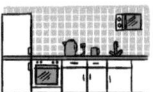

de Köök

cegin

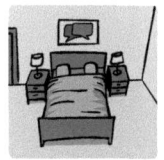

de Slaapstuuv

ystafell wely

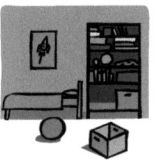

de Kinnerstuuv

ystafell plentyn

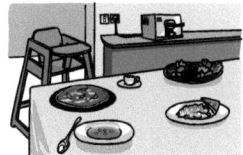

de Eetstuuv

ystafell fwyta

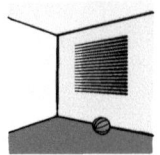

de Footbodden

llawr

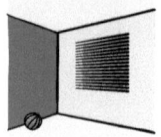

de Wand

wal

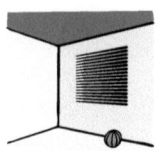

de Deek

nenfwd

de Keller

seler

dat Hittluftbad

sawna

de Balkon

balconi

de Terrass

teras

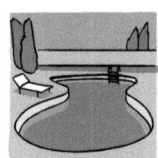

dat Swümmbad

pwll

de Rasenmeiher

peiriant torri gwair

de Bettbetog

taflen

de Bettdeek

gorchudd gwely

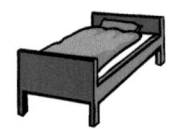

de Puuch

gwely

de Bessen

ysgub

de Emmer

bwced

de Schalter

swits

de Wahnstuuv

lolfa

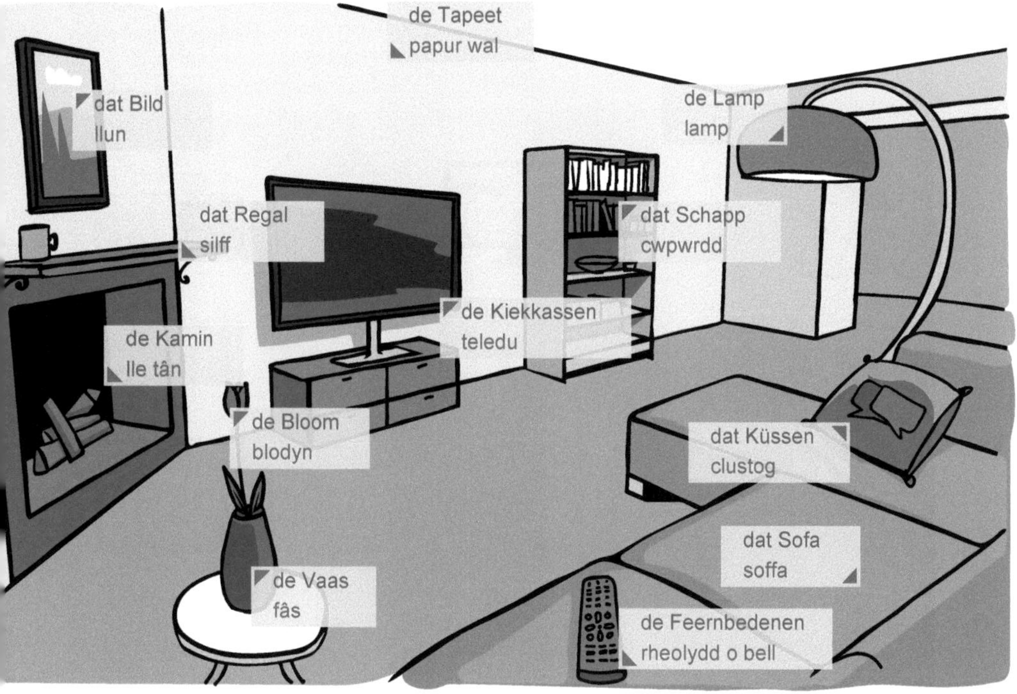
de Tapeet
papur wal
dat Bild
llun
de Lamp
lamp
dat Regal
silff
dat Schapp
cwpwrdd
de Kiekkassen
teledu
de Kamin
lle tân
de Bloom
blodyn
dat Küssen
clustog
dat Sofa
soffa
de Vaas
fâs
de Feernbedenen
rheolydd o bell

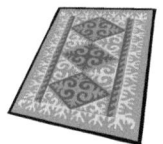

de Teppich
carped

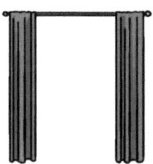

de Vörhang
llen

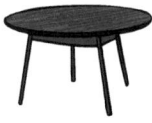

de Disch
bwrdd

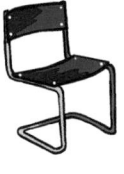

de Stohl
cadair

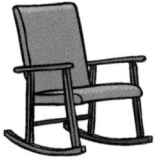

de Schuckelstohl
cadair siglo

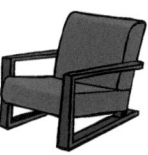

de Sessel
cadair freichiau

dat Book

llyfr

de Deek

blanced

de Dekoratschoon

addurn

dat Füerholt

coed tân

de Film

ffilm

de Stereoanlaag

hi-fi

de Slötel

agoriad

dat Narichtenblatt

papur newydd

dat Gemälde

darlun

dat Poster

poster

dat Radio

radio

de Opschrievblock

llyfr nodiadau

de Huulbessen

hwfer

de Kaktus

cactws

de Kars

cannwyll

de Köök

cegin

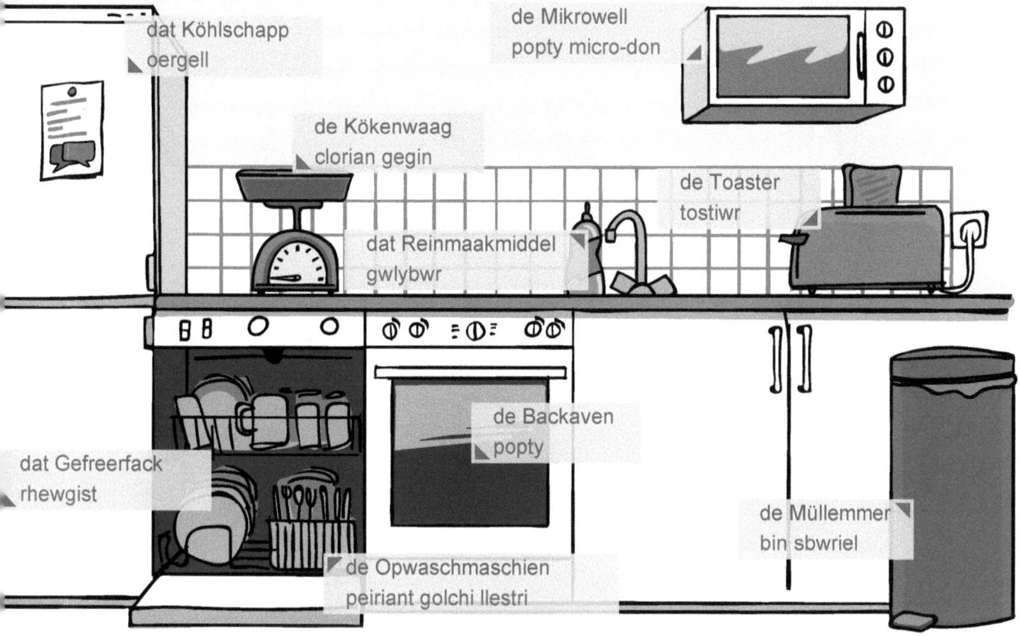
dat Köhlschapp
oergell
de Mikrowell
popty micro-don
de Kökenwaag
clorian gegin
de Toaster
tostiwr
dat Reinmaakmiddel
gwlybwr
de Backaven
popty
dat Gefreerfack
rhewgist
de Müllemmer
bin sbwriel
de Opwaschmaschien
peiriant golchi llestri

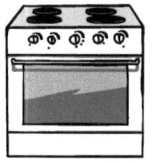

de Heerd

popty

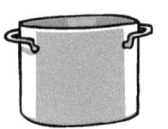

de Pott

pot

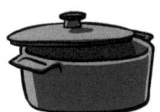

de Gussiesern Putt

pot haearn bwrw

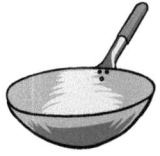

de Wok / Kadai

wok / kadai

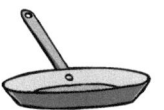

de Pann

padell

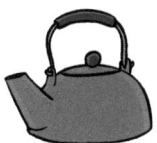

de Waterkaker

tegell

de Dampkaakputt

sosban stemio

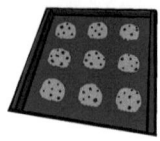

dat Backblick

hambwrdd pobi

dat Geschirr

llestri

de Beker

mwg

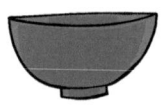

de Schaal

powlen

de Eetsticken

gweill bwyta

de Suppenkell

lletwad

de Pannenwenner

ysbodol

de Sneebessen

chwisg

dat Kaakseef

hidlydd

dat Seef

gogr

de Riev

gratiwr

de Mörser

morter

de Grill

barbeciw

de Füerstell

tân agored

dat Sniedbrett

bwrdd torri cig

dat Nudelholt

rholbren

de Proppentrecker

tynnwr corcyn

de Doos

tun

de Dosenaapner

peth agor tuniau

de Pottlappen

clwt pot

dat Waschbecken

sinc

de Böst

brws

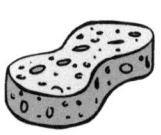

de Swamm

sbwng

de Mixer

peiriant cymysgu

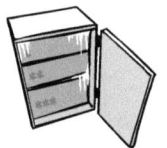

dat Iesschapp

rhewgell

de Nuckelbuddel

potel babi

de Waterhahn

tap

de Baadstuuv
ystafell ymolchi

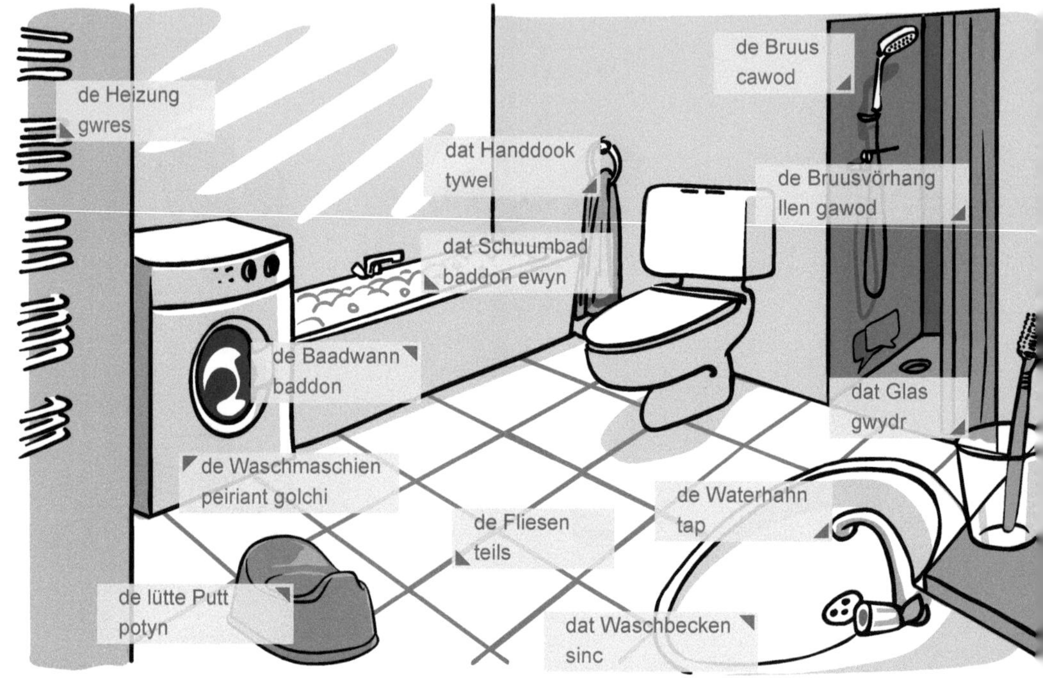

de Heizung
gwres
dat Handdook
tywel
de Bruus
cawod
de Bruusvörhang
llen gawod
dat Schuumbad
baddon ewyn
de Baadwann
baddon
dat Glas
gwydr
de Waschmaschien
peiriant golchi
de Waterhahn
tap
de Fliesen
teils
de lütte Putt
potyn
dat Waschbecken
sinc

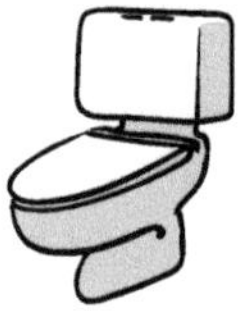

de Tante Meier

tŷ bach

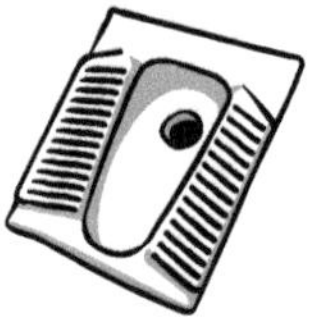

de Hockklo

toiled cyrcydu

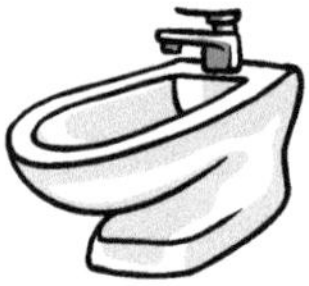

dat Bidet

bidet

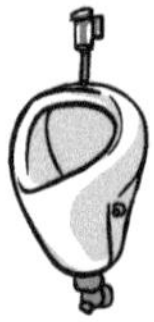

dat Miegbecken

troethfa

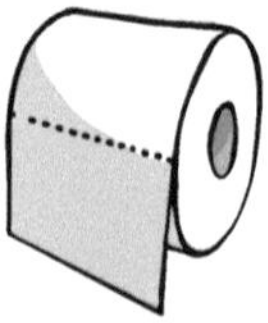

dat Klopapeer

papur tŷ bach

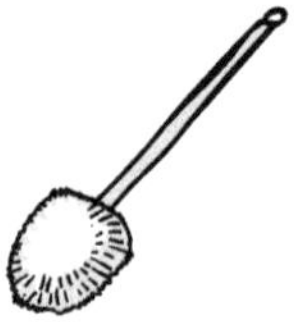

de Kloböst

brws tŷ bach

de Tähnböst

brws dannedd

de Tähnpast

past dannedd

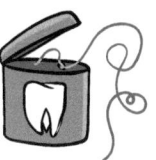

de Tähnsied

edau ddannedd

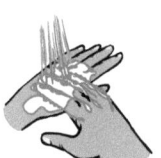

waschen

golchi

de Handbruus

cawod llaw

de Intimbruus

golchfa

de Waschschöttel

basn

de Rüchböst

brws-ôl

de Seep

sebon

dat Bruusgeel

gel cawod

dat Hoorwaschmiddel

siampŵ

de Waschlappen

gwlanen

de Afloop

ffos

de Creme

hufen

dat Deodorant

diaroglydd

de Spegel

drych

de Kosmetikspegel

drych llaw

de Raserer

rasel

de Raseerschuum

ewyn eillio

dat Raseerwater

sent eillio

de Kamm

crib

de Böst

brws

de Hoordröger

sychwr gwallt

dat Hoorspray

chwistrell gwallt

de Smink

colur

de Lippensticken

minlliw

de Nagellack

farnais ewinedd

de Watt

gwlân cotwm

de Nagelscheer

siswrn ewinedd

dat Rüükwater

persawr

de Kulturbüdel

bag ymolchi

de Schemel

stôl

de Waag

clorian

de Baadmantel

gŵn baddon

de Gummihanschen

menig rwber

de Tampon

tampon

de Damenbinn

tywel misglwyf

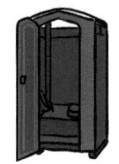

dat Chemieklo

toiled cemegol

de Kinnerstuuv
ystafell plentyn

de Wecker
cloc larwm
dat Knudeldeert
tegan anwes
dat Speeltüüchauto
car tegan
de Klöter
cleciwr
dat Poppenhuus
tŷ dol
dat Geschenk
anrheg

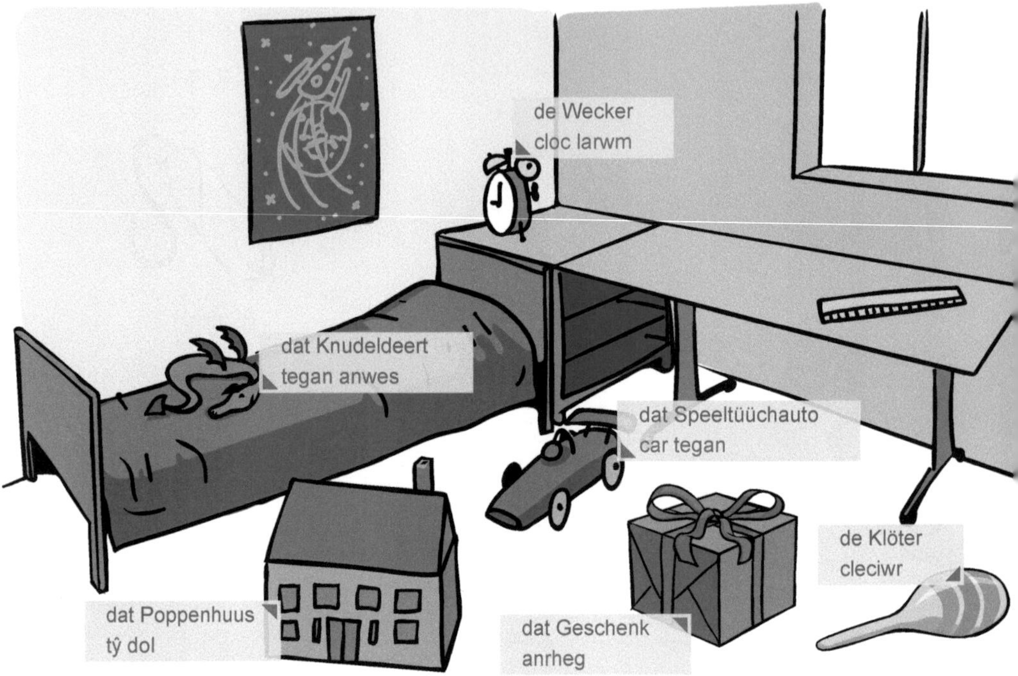

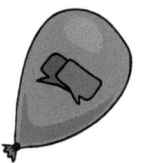

de Luftballon

balŵn

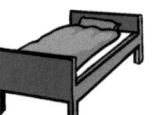

de Puuch

gwely

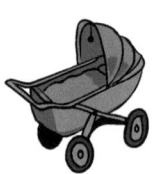

de Kinnerwagen

pram

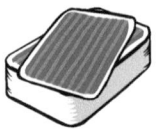

dat Koortenspeel

pecyn o gardiau

dat Puzzle

jig-so

SUPER
MEGA

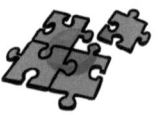

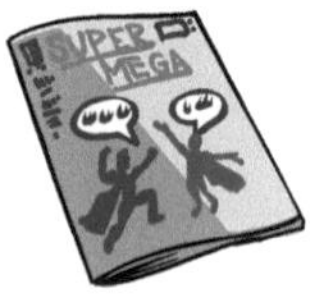

de Billergeschicht

comic

de Legostenen

brics Lego

de Bustenen

blociau adeiladu

de Action-Figur

ffigur gweithredu

de Strampelantog

babygro

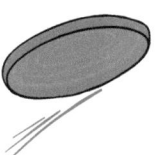

de Frisbeeschiev

ffrisbi

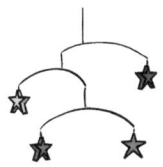

dat Mobile

ffôn symudol

dat Brettspeel

gêm fwrdd

de Wörpel

deis

de Modelliesenbahn

set model trên

de Snuller

teth lwgu

de Party

parti

dat Billerbook

llyfr lluniau

de Ball

pêl

de Popp

dol

spelen

chwarae

de Sandkassen

pwll tywod

de Schuckel

swing

dat Speeltüüch

teganau

de Speelkonsool

consol gemau fideo

dat Dreerad

beic tair olwyn

de Teddyboor

tedi

dat Klederschapp

cwpwrdd dillad

dat Tüüch

dillad

de Socken

hosanau

de Strümp

hosanau

de Strumpbüx

teits

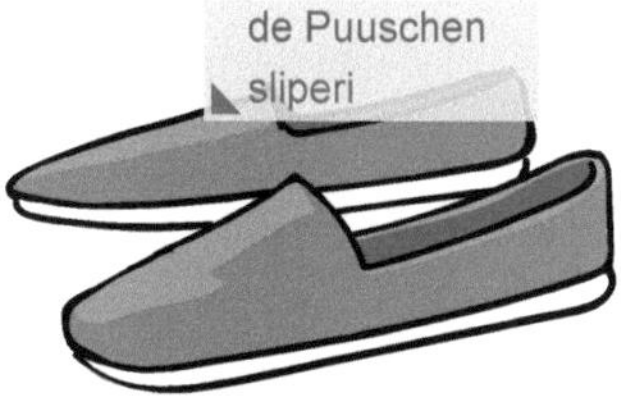

dat Halsdook
sgarff

de Paraplü
ymbarél

dat T-Shirt
crys-t

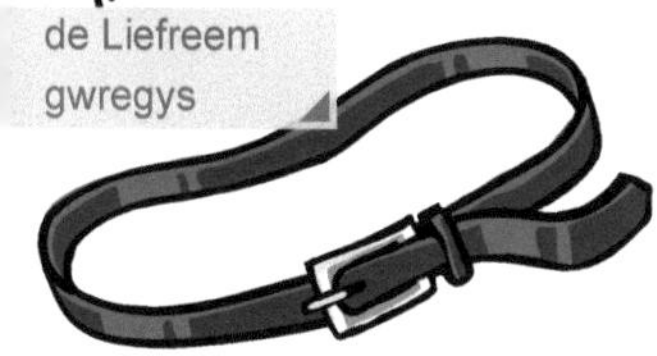

de Liefreem
gwregys

de Stevel
esgidiau

de Puuschen
sliperi

de Turnschoh
esidiau ymarfer

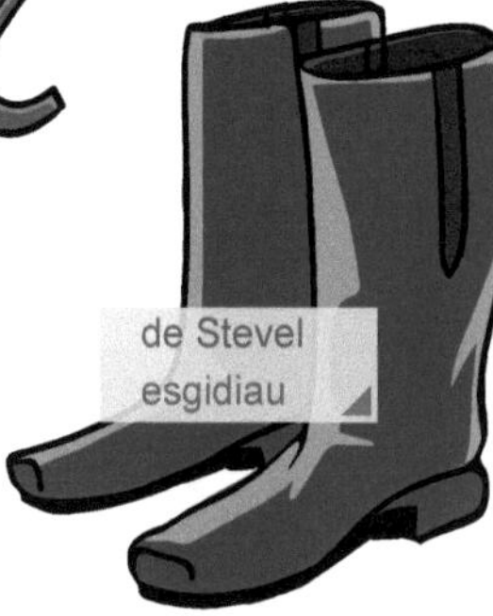

de Sandalen
....
sandalau

de Schoh
....
esgidiau

de Gummistevel
....
esgidiau rwber

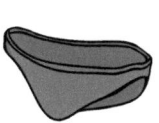
de Ünnerbüx
....
trôns

de Bostholler
....
bra

dat Ünnerhemd
....
fest

de Lief

corff

de Büx

trowsus

de Jeansnüx

jîns

de Rock

sgert

de Bluus

blows

dat Hemd

crys

de Pullover

pwlofer

de Kapuzenpullover

hwdi

de Blazer

blaser

de Jack

siaced

de Mantel

côt

de Övertrecker

côt law

dat Kostüm

gwisg

dat Kleed

gŵn

dat Hochtietskleed

gwisg briodas

de Antog

siwt

dat Nachtkleed

gŵn nos

de Slaapantog

pyjamas

de Sari

sari

dat Koppdook

sgarff pen

de Turban

tyrban

de Burka

bwrca

de Kaftan

cafftan

de Abaya

abaya

de Baadantog

gwisg nofio

de Baadbüx

trowsus nofio

de Korte Büx

siorts

de Antog to'n Öven

tracwisg

de Schört

ffedog

de Handschoh

menig

de Knopp

botwm

de Brill

sbectol

dat Armband

breichled

de Halskeed

cadwyn

de Ring

modrwy

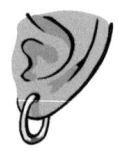

de Ohrbummel

clustdlws

de Mütz

cap

de Klederbögel

cambren

de Hoot

het

de Binner

tei

de Rietslüter

sip

de Helm

helmed

dat Drachtband

fframiau danedd

de Schooluniform

gwisg ysgol

de Uniform

gwisg

de Severböten
....
bib

de Snuller
....
teth lwgu

de Winnel
....
cewyn

dat Büro
swyddfa

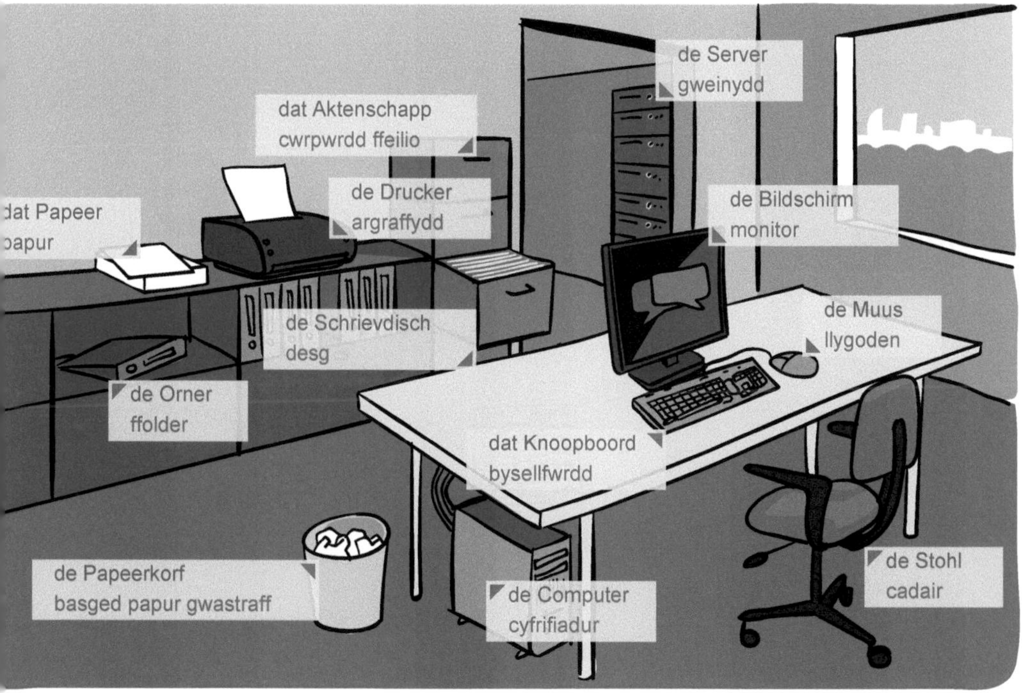

de Server
gweinydd

dat Aktenschapp
cwrpwrdd ffeilio

dat Papeer
papur

de Drucker
argraffydd

de Bildschirm
monitor

de Schrievdisch
desg

de Muus
llygoden

de Orner
ffolder

dat Knoopboord
bysellfwrdd

de Papeerkorf
basged papur gwastraff

de Stohl
cadair

de Computer
cyfrifiadur

de Koffiebeker
....
mwg coffi

de Taschenreekner
....
cyfrifiannell

dat Internet
....
rhyngrwyd

de Klappreekner

gliniadur

de Breef

llythyr

de Naricht

neges

de Ackersnacker

ffôn symudol

dat Nettwark

rhwydwaith

de Kopeerapparat

llungopïwr

de Software

meddalwedd

de Klöönkassen

teleffon

de Steekdoos

soced plwg

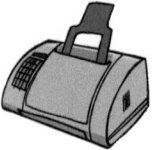

de Faxapparat

peiriant ffacs

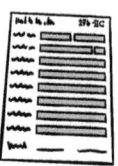

dat Formulor

ffurflen

dat Dokument

dogfen

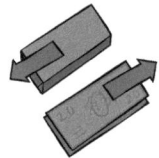

köpen

prynu

betahlen

talu

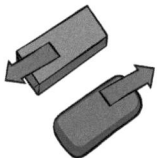

hanneln

masnachu

dat Geld

arian

USD

de Dollar

doler

EUR

de Euro

ewro

JPY

de Yen

yen

RUB

de Ruvel

rwbl

CHF

de Swiezer Franken

ffranc y Swistir

CNY

de Renminbi Yuan

yuan renminbi

INR

de Rupie

rwpi

de Geldautomat

peiriant arian

de Wesselstuuv

swyddfa gyfnewid

dat Gold

aur

dat Sülver

arian

dat Ööl

olew

de Energie

ynni

de Pries

pris

de Verdrag

contract

de Stüer

treth

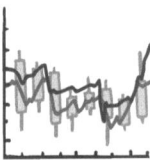

de Andeelschien

stoc

arbeiden

gweithio

de Anstellte

cyflogai

de Arbeitgever

cyflogwr

de Fabrik

ffatri

de Hökerie

siop

de Profeschonen
swyddi

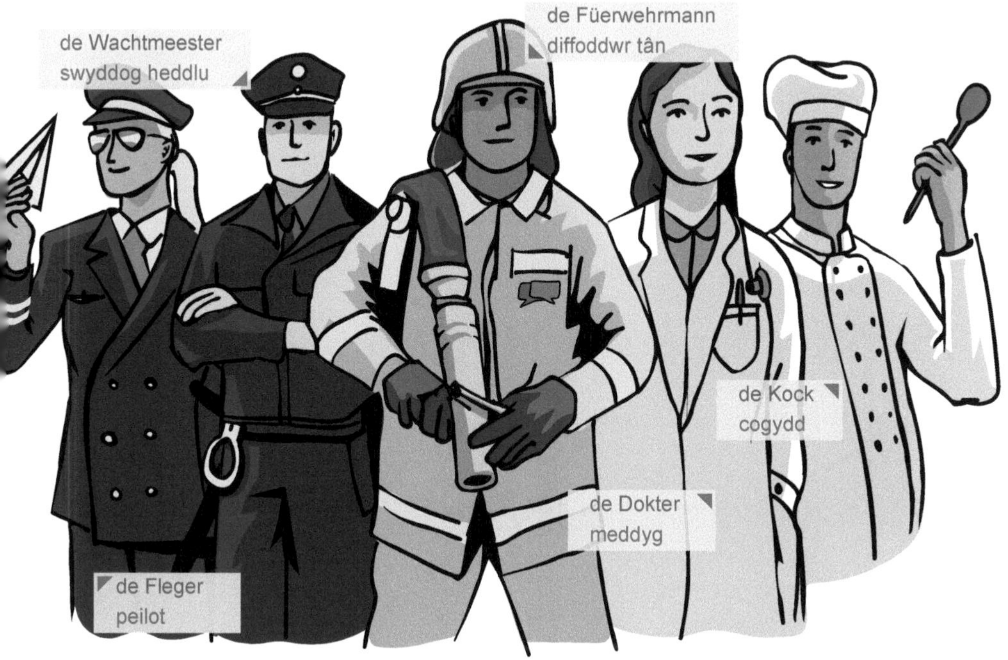
de Wachtmeester
swyddog heddlu
de Füerwehrmann
diffoddwr tân
de Kock
cogydd
de Dokter
meddyg
de Fleger
peilot

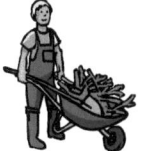

de Goorner
garddwr

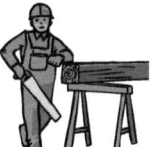

de Discher
saer

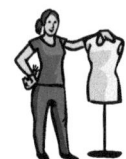

de Neihersche
gwniadwraig

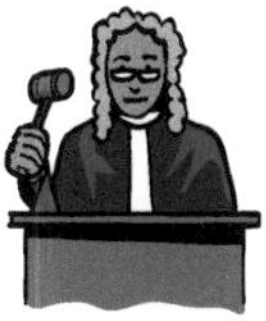

de Richter
barnwr

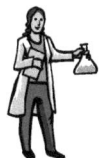

de Chemiker
fferyllydd

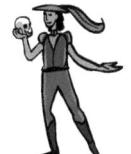

de Schauspeler
actor

de Busfohrer

gyrrwr bws

de Taxifohrer

gyrrwr tacsi

de Fischer

pysgotwr

de Reinmaakfru

glanhawraig

de Dackdecker

töwr

de Kellner

gweinydd

de Jäger

heliwr

de Maler

paentiwr

de Bäcker

pobydd

de Elektriker

trydanwr

de Buarbeider

adeiladwr

de Ingenieur

peiriannydd

de Slachter

cigydd

de Klempner

plymiwr

de Postbüdel

dyn y post

de Suldat

milwr

de Architekt

pensaer

de Kasserer

ariannwr

de Florist

gwerthwr blodau

de Putzbüdel

triniwr gwallt

de Schaffner

archwiliwr tocynnau
rheilffordd

de Mechaniker

mecanydd

de Kaptein

capten

de Tähndokter

deintydd

de Wetenschopler

gwyddonydd

de Rabbi

rabi

de Imam

imam

de Mönk

mynach

de Paap

clerigwr

dat Warktüüch
offer

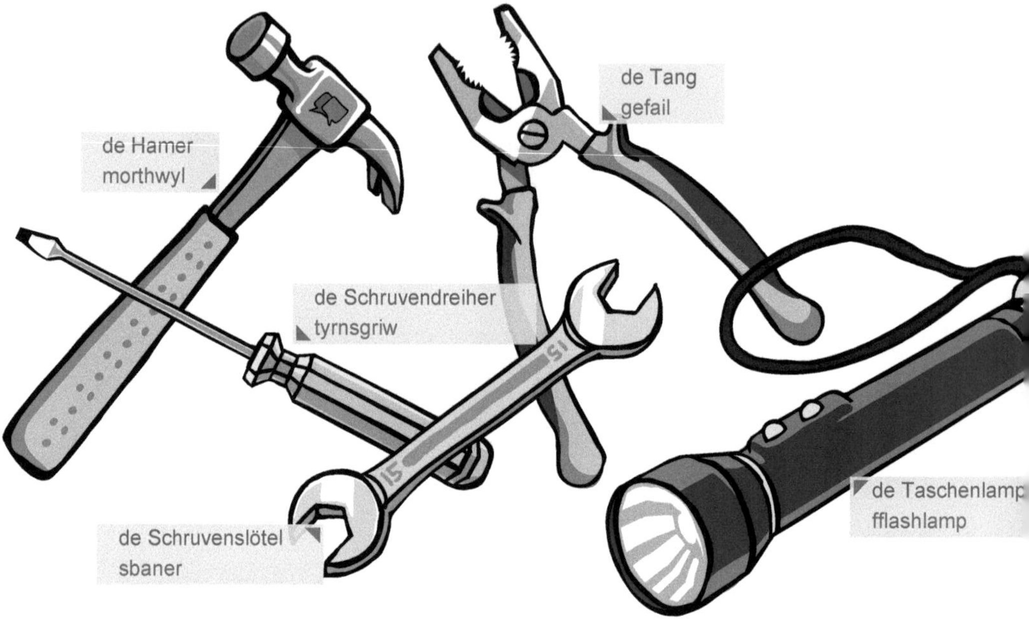
de Hamer
morthwyl
de Tang
gefail
de Schruvendreiher
tyrnsgriw
de Schruvenslötel
sbaner
de Taschenlamp
fflashlamp

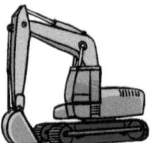

de Grieper

turiwr

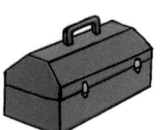

de Warktüüchkassen

blwch offer

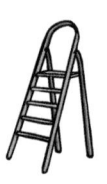

de Ledder

ysgol

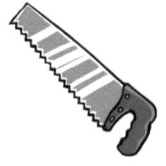

de Saag

llif

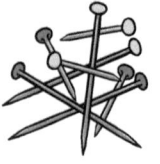

de Nagels

hoelion

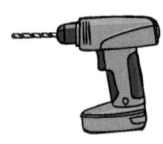

de Bohrer

dril

heelmaken

trwsio

de Schüffel

rhaw

Schiet!

Daria!

dat Kehrblick

rhaw lwch

de Farvpott

pot paent

de Schruven

sgriwiau

de Musikinstrumenten
offerynnau cerdd

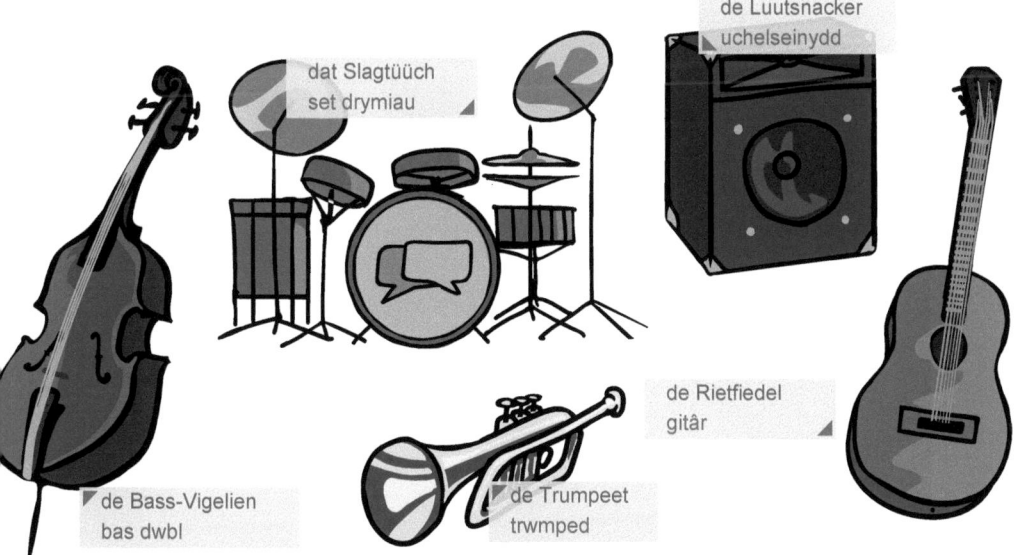

de Luutsnacker
uchelseinydd

dat Slagtüüch
set drymiau

de Rietfiedel
gitâr

de Bass-Vigelien
bas dwbl

de Trumpeet
trwmped

dat Klaveer

piano

de Vigelien

ffidil

de Bass

bas

de Pauk

timpani

de Trummeln

drymiau

dat Keyboard

cyweirfwrdd

dat Saxophon

sacsoffon

de Fleut

ffliwt

dat Mikrofoon

meicroffon

de Deertenpark
sŵ

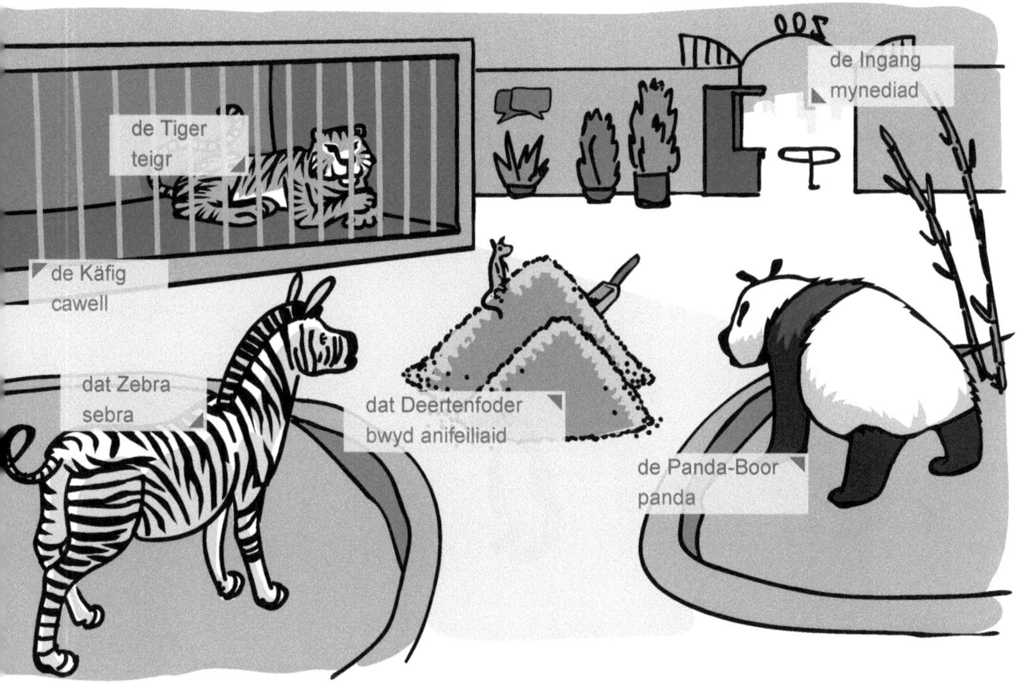
de Ingang
mynediad
de Tiger
teigr
de Käfig
cawell
dat Zebra
sebra
dat Deertenfoder
bwyd anifeiliaid
de Panda-Boor
panda

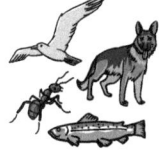

de Deerten

anifeiliaid

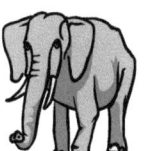

de Elefant

eliffant

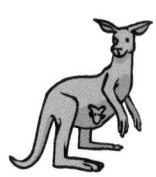

dat Känguru

cangarŵ

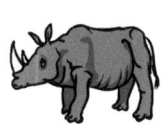

dat Neeshoorn

rhinoseros

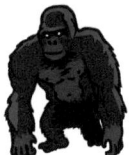

de Gorilla

gorila

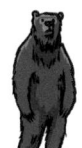

de Boor

arth

dat Kameel

camel

de Struuß

estrys

de Lööv

llew

de Aap

mwnci

de Flamingo

fflamingo

de Papagoi

parot

de Iesboor

arth wen

de Pinguin

pengwin

de Haifisch

siarc

de Pageluun

paun

de Slang

neidr

dat Krokodil

crocodeil

de Oppasser in'n
Deertenpark
gofalwr sŵ

de Saalhund

morlo

de Jaguor

jagwar

dat Pony

merlyn

de Leopard

llewpard

dat Nilpeerd

hipo

de Giraff

jiráff

de Aadler

eryr

dat Wildswien

baedd

de Fisch

pysgodyn

de Schildkrööt

crwban

dat Walross

walrws

de Voss

llwynog

de Gazell

gafrewig

de Amerikaansch Football
pêl-droed America

dat Radfohren
beicio

dat Tennis
tennis

de Korfball
pêl-fasged

dat Swümmen
nofio

dat Ieshockey
hoci iâ

dat Boxen
bocsio

de Football
pêl-droed

dat Fedderball
badminton

de Leichtathletik
athletau

de Handball
pêl-law

dat Skilopen
sgïo

dat Polo
polo

springen
neidio

lachen
chwerthin

ümarmen
cofleidio

gahn
cerdded

singen
canu

drömen
breuddwydio

beden
gweddïo

snuteln
cusanu

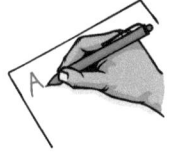

schrieven

ysgrifennu

teken

tynnu

wiesen

dangos

drücken

gwthio

geven

rhoi

nehmen

cymryd

hebben
bod gan

doon
gwneud

sien
bod

stahn
sefyll

lopen
rhedeg

trecken
tynnu

smieten
taflu

fallen
disgyn

liggen
gorwedd

töven
aros

dregen
cario

sitten
eistedd

antrecken
gwisgo amdanoch

slapen
cysgu

opwaken
deffro

ankieken

edrych ar

wenen

crïo

eien

anwesu

kämmen

cribo

snacken

siarad

verstahn

deall

fragen

gofyn

hören

gwrando

drinken

yfed

eten

bwyta

oprümen

tacluso

leefhebben

caru

kaken

coginio

fohren

gyrru

flegen

hedfan

segeln

hwylio

reken

cyfrifo

lesen

darllen

lehren

dysgu

arbeiden

gweithio

de Plünnen tohoopsmieten

priodi

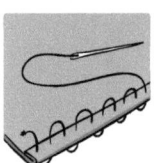

neihen

gwnïo

Tähnen putzen

brwsio dannedd

dootmaken

lladd

smöken

ysmygu

schicken

anfon

de Familje
teulu

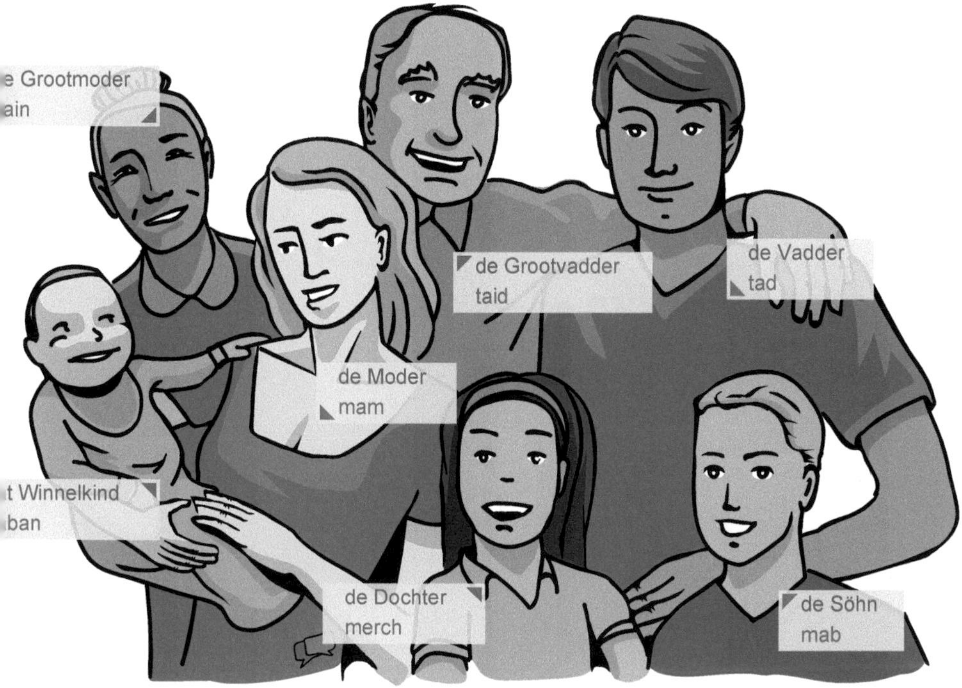
e Grootmoder
ain
de Grootvadder
taid
de Vadder
tad
de Moder
mam
t Winnelkind
ban
de Dochter
merch
de Söhn
mab

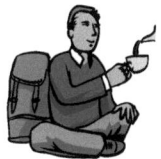

de Gast

gwestai

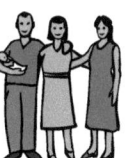

de Tant

modryb

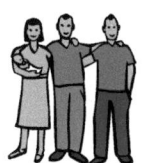

de Unkel

ewythr

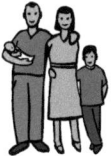

de Broder

brawd

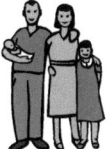

de Süster

chwaer

de Lief

corff

de Vörkopp
talcen
dat Oog
llygad
de Schuller
ysgwydd
de Finger
bys
dat Gesicht
wyneb
dat Kinn
gên
de Hand
llaw
dat Been
coes
de Bost
bron
de Arm
braich

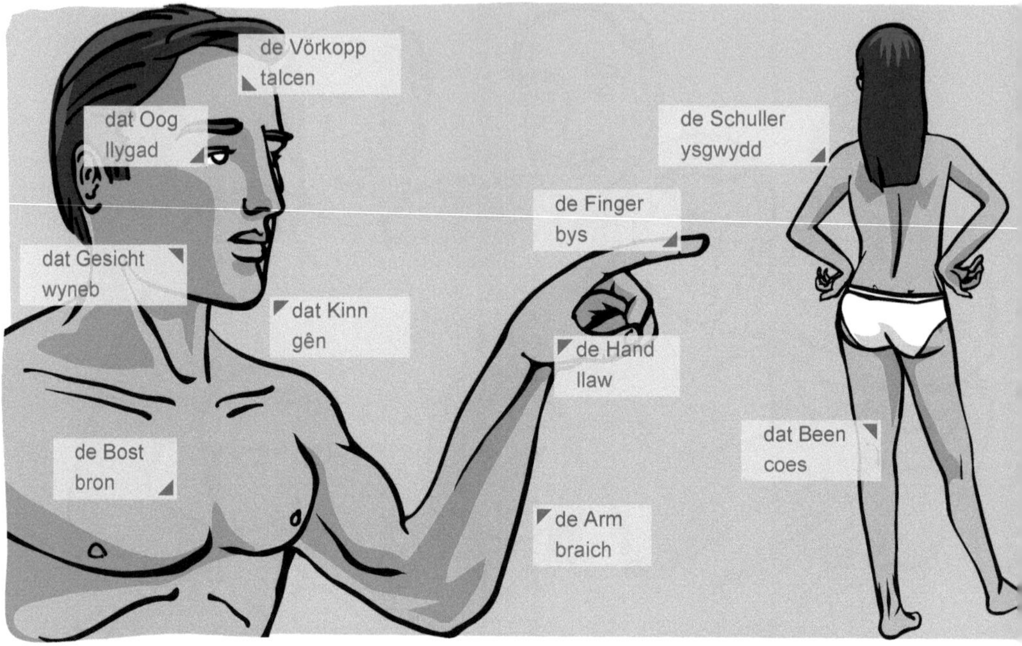

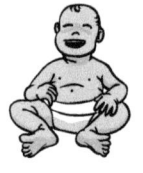

dat Winnelkind

baban

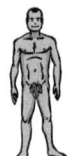

de Mann

dyn

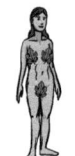

de Fro

gwraig

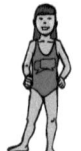

de Deern

geneth

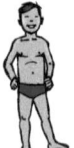

de Jung

bachgen

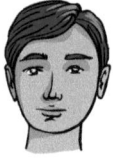

de Arm

pen

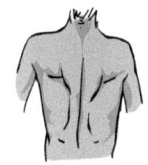

de Rüch

cefn

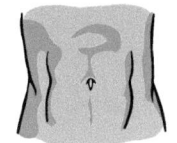

de Buuk

bel

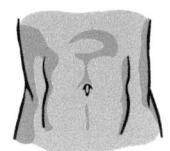

de Navel

bogail

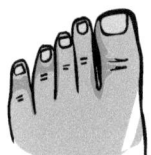

de Teh

bys troed

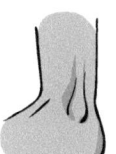

de Hack

sawdl

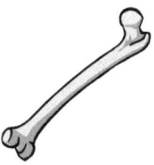

de Knaken

asgwrn

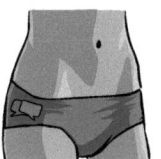

de Hüft

clun

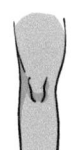

dat Knee

pen-glin

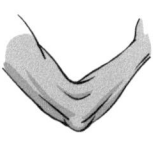

de Ellbagen

penelin

de Nees

trwyn

de Achtersen

pen ôl

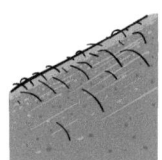

de Huut

croen

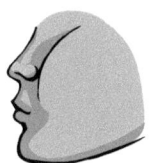

de Back

boch

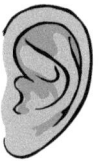

dat Ohr

clust

de Lipp

gwefus

de Mund

ceg

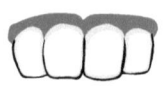

de Tähn

dant

de Tung

tafod

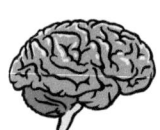

de Bregen

ymennydd

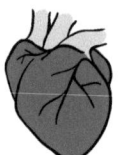

dat Hart

calon

de Muskel

cyhyr

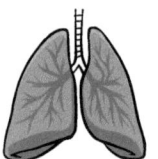

de Lung

ysgyfaint

de Lever

iau

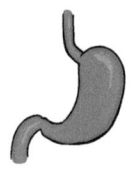

de Maag

stumog

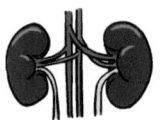

de Neren

arennau

de Bislaap

rhyw

dat Kondoom

condom

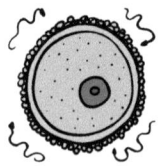

de Eizell

ofwm

dat Sperma

semen

de Anner Ümstänn

beichiogrwydd

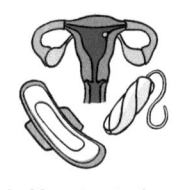

de Menstruatschoon

mislif

de Scheed

fagina

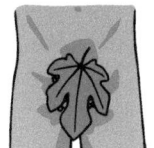

de Pint

pidyn

de Ogenbroe

ael

dat Hoor

gwallt

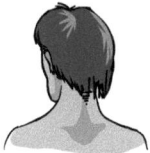

de Hals

gwddf

dat Krankenhuus
ysbyty

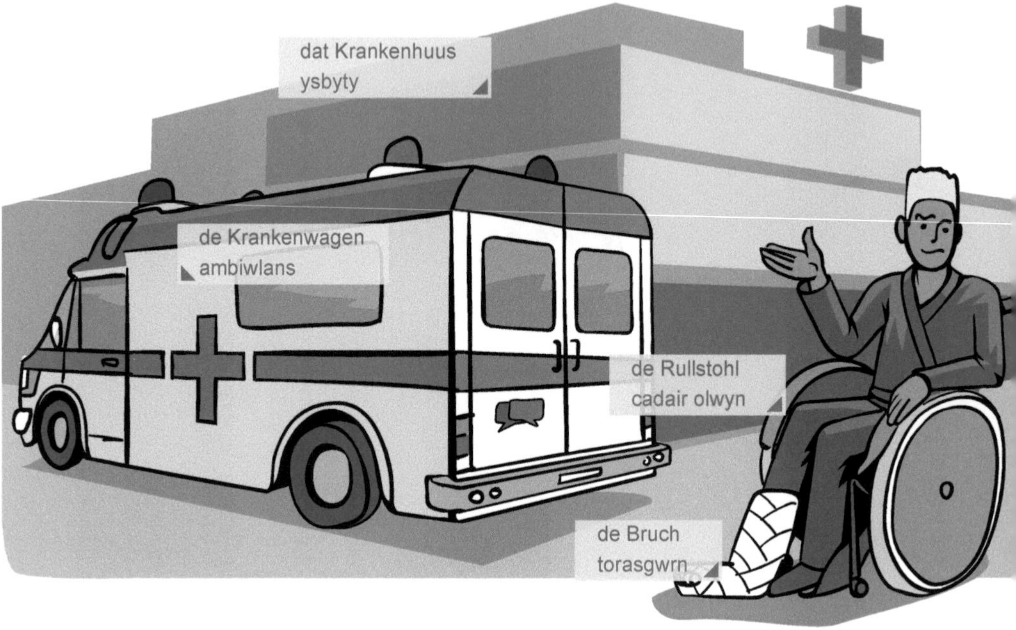

dat Krankenhuus
ysbyty
de Krankenwagen
ambiwlans
de Rullstohl
cadair olwyn
de Bruch
torasgwrn

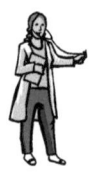

de Dokter

meddyg

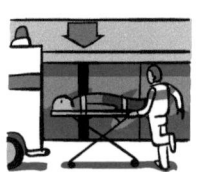

de Nootopnahm

ystafell argyfwng

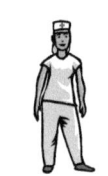

de Krankensüster

nyrs

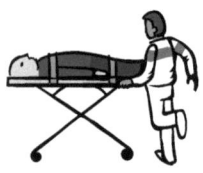

de Nootfall

argyfwng

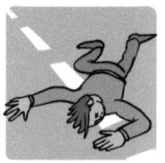

ahnmächtig

anymwybodol

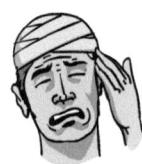

de Wehdaag

poen

de Verwunnen

anaf

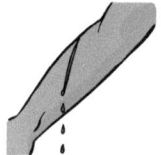

de Blöden

gwaedu

de Hartinfarkt

trawiad ar y galon

de Slaganfall

strôc

de Allergie

alergedd

de Hoosten

peswch

dat Fever

twymyn

de Gripp

ffliw

de Dörchfall

dolur rhydd

de Koppwehdaag

cur pen

de Kreeft

canser

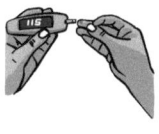

de Zuckersüük

diabetes

de Chirurg

llawfeddyg

dat Chirurgsch Mess

fflaim

de Operatschoon

gweithrediad

dat Krankenhuus - ysbyty

73

dat CT

CT

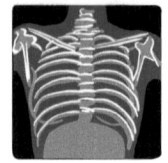

de Dörchlüchten

pelydr-x

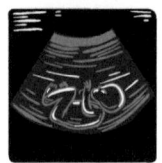

de Ultraschall

uwchsain

de Mask

mwgwd wyneb

de Krankheit

clefyd

de Töövruum

ystafell aros

de Krück

bagl

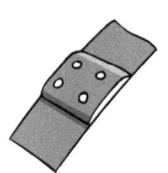

dat Plaaster

plastr

de Verband

rhwymyn

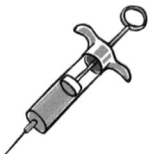

de Insprütten

pigiad

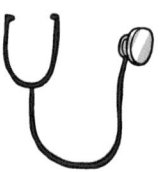

dat Stethoskop

stethosgop

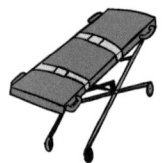

de Draag

elorwely

dat Feverthermometer

thermomedr clinigol

de Geboort

genedigaeth

dat Övergewicht

dros bwysau

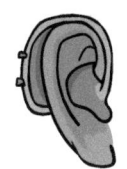

de Höörapparat

cymorth clyw

dat Kiemfriemiddel

diheintydd

de Ansteken

haint

de Virus

firws

dat HIV / AIDS

HIV / AIDS

dat Heelmiddel

meddygaeth

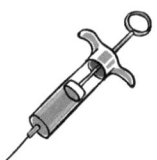

de Impen

brechiad

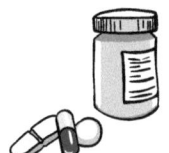

de Tabletten

tabledi

de Pill

y bilsen

de Nootroop

galwad frys

de Blootdruck-Meter

monitor pwysau gwaed

krank / gesund

yn sâl / yn iach

Hölp!

Help!

de Alarm

larwm

de Överfall

ymosodiad

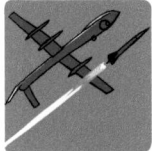

de Angreep

ymosodiad

de Gefohr

perygl

de Nootutgang

allanfa argyfwng

dat Füer!

Tân!

de Füerlöscher

diffoddwr tân

de Unfall

damwain

de Noothölpkoffer

pecyn cymorth cyntaf

SOS

SOS

de Polizei

heddlu

Europa

Ewrop

Noordamerika

Gogledd America

Süüdamerika

De America

Afrika

Affrica

Asien

Asia

Australien

Awstralia

de Atlantik

Iwerydd

de Pazifik

y Môr Tawel

dat Indisch Weltmeer

Cefnfor yr India

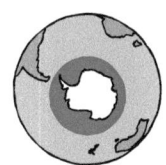

dat Antarktisch Weltmeer

Cefnfor yr Antarctig

dat Arktisch Weltmeer

Cefnfor yr Arctig

de Noordpol

Pegwn y Gogledd

de Süüdpol

Pegwn y De

de Antarktis

Antarctica

de Eerd

y Ddaear

dat Land

tir

de See

môr

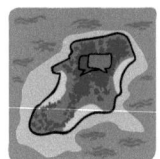

dat Eiland

ynys

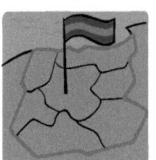

de Natschoon

cenedl

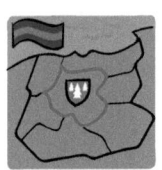

de Staat

gwladwriaeth

dat Tallenblatt

wyneb cloc

de Stunnenwieser

bys awr

de Minutenwieser

bys munud

de Sekunnenwieser

bys eiliad

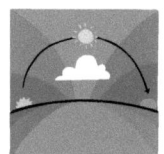

Wo laat is dat?

Faint o'r gloch yw hi?

de Dag

dydd

de Tiet

amser

nu

yn awr

de digetaalsch Klock

cloc digidol

de Minuut

munud

de Stunn

awr

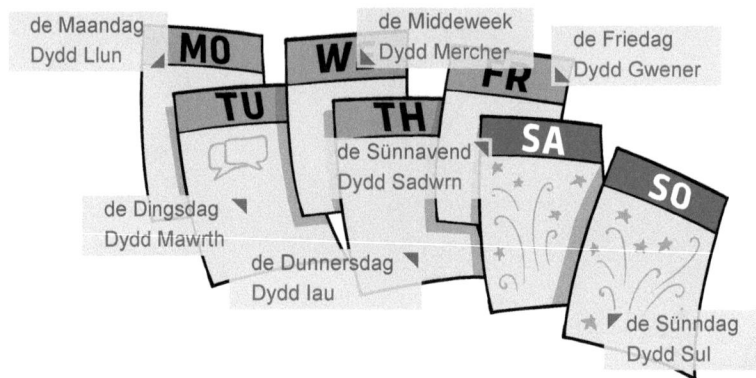

de Maandag
Dydd Llun

de Middeweek
Dydd Mercher

de Friedag
Dydd Gwener

de Sünnavend
Dydd Sadwrn

de Dingsdag
Dydd Mawrth

de Dunnersdag
Dydd Iau

de Sünndag
Dydd Sul

güstern

ddoe

hüüt

heddiw

morgen

yfory

de Morgen

bore

de Meddag

canol dydd

de Avend

noswaith

de Arbeitsdaag

diwrnodiau busnes

dat Wekenenn

penwythnos

dat Johr
blwyddyn

de Regen
glaw
de Regenbagen
enfys
de Snee
eira
de Wind
gwynt
dat Fröhjohr
gwanwyn
de Harvst
hydref
de Sommer
haf
de Winter
gaeaf

4.APRIL 11°
5.APRIL 4°
6.APRIL 13°
7.APRIL 8°
8.APRIL 10°

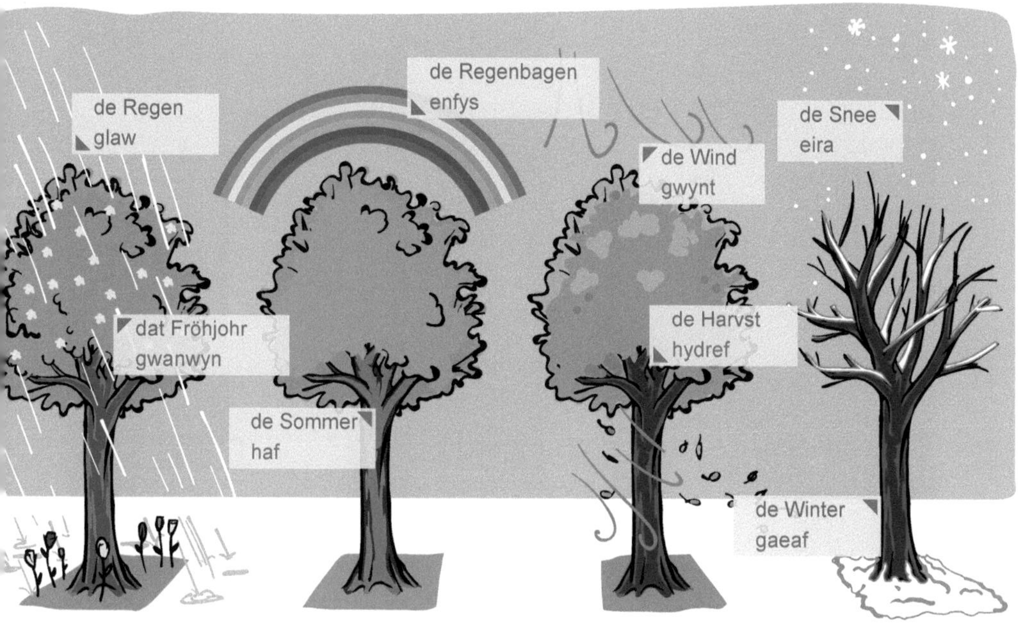

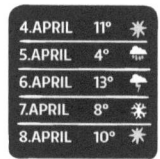

de Wedervörhersaag

rhagolygon y tywydd

F
C

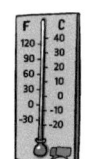

dat Thermometer

thermomedr

de Sünnenschien

heulwen

de Wulk

cwmwl

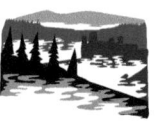

de Nevel

niwl tew

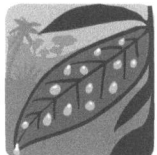

de Luftfuchtigkeit

lleithder

de Blitz

mellt

de Dunner

taranau

de Storm

storm

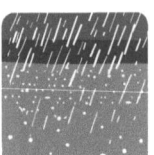

de Hagel

cenllysg

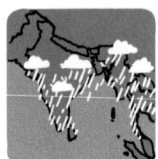

de Monsun

monsŵn

de Floot

llif

dat Ies

iâ

de Januormaand

Ionawr

de Februormaand

Chwefror

de Martmaand

Mawrth

de Aprilmaand

Ebrill

de Maimaand

Mai

de Junimaand

Mehefin

de Julimaand

Gorffennaf

de Augustmaand

Awst

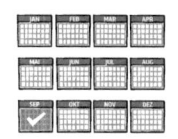

de Septembermaand
....
Medi

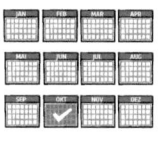

de Oktobermaand
....
Hydref

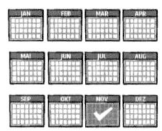

de Novembermaand
....
Tachwedd

de Dezembermaand
....
Rhagfyr

de Formen

siapiau

de Krink
....
cylch

dat Quadrat
....
sgwâr

dat Rechteck
....
petryal

dat Dreeeck
....
triongl

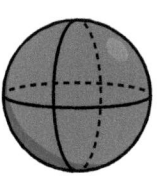

de Kugel
....
sffêr

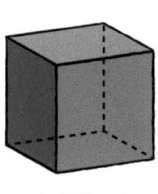

de Wörpel
....
ciwb

witt

gwyn

geel

melyn

orangsch

oren

pink

pinc

root

coch

lila

porffor

blau

glas

gröön

gwyrdd

bruun

brown

gries

llwyd

swart

du

veel / wenig

llawer / ychydig

böös / verdreeglich

dig / tawel

smuck / mies

hardd / hyll

de Begünn / dat Enn

dechrau / diwedd

groot / lütt

mawr / bach

hell / düüster

llachar / tywyll

de Broder / de Süster

brawd / chwaer

schier / schietig

glân / budr

kumpleet / nich kumpleet

gyflawn / anghyflawn

de Dag / de Nacht

dydd / nos

doot / lebennig

farw / yn fyw

breet / small

eang / cul

geneetbor / nich geneetbor

bwytadwy / anfwytadwy

böös / fründlich

drwg / caredig

fickerig / langwielt

llawn cyffro / diflasu

dick / dünn

tew / tenau

toeerst / toletzt

cyntaf / olaf

de Fründ / de Fiend

cyfaill / gelyn

vull / leddig

llawn / gwag

hart / week

caled / meddal

swoor / licht

trwm / ysgafn

de Smacht / de Döst

wedi newynnu / yn sychedig

krank / gesund

yn sâl / yn iach

nich na't Recht / na't Recht

anghyfreithlon / cyfreithiol

klook / dummerhaftig

deallus / twp

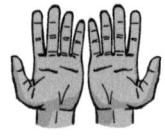

linkerhand / rechterhand

chwith / dde

neeg / feern

agos / pell

nieg / bruukt

ewydd / wedi'i ddefnyddio

nix / wat

dim / rhywbeth

oolt / jung

hen / ifanc

an / ut

ymlaen / i ffwrdd

apen / slaten

ar agor / ar gau

lies / luut

tawel / uchel

riek / arm

cyfoethog / tlawd

richtig / verkehrt

cywir / anghywir

ruug / glatt

garw / llyfn

trurig / glücklich

trist / hapus

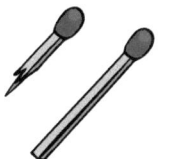

kort / lang

byr / hir

suutje / flink

araf / cyflym

natt / dröög

gwlyb / sych

warm / köhl

cynnes / claear

de Krieg / de Freden

rhyfel / heddwch

0

null

sero

1

een

un

2

twee

dau

3

dree

tri

4

veer

pedwar

5

fief

pump

6

söss

chwech

7

söven

saith

8

acht

wyth

9

negen

naw

10

teihn

deg

11

ölven

un deg un

12

twölf
....
un deg dau

13

dörteihn
....
un deg tri

14

veerteihn
....
un deg pedwar

15

föffteihn
....
un deg pump

16

sössteihn
....
un deg chwech

17

söventeihn
....
un deg saith

18

achtteihn
....
un deg wyth

19

negenteihn
....
un deg naw

20

twintig
....
dau ddeg

100

hunnert
....
cant

1.000

dusend
....
mil

1.000.000

million
....
miliwn

dat Engelsch

Saesneg

dat Amerikaansch Engelsch

Saesneg America

dat Chineesch Mandarin

Tsieinëeg Mandarin

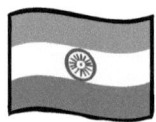

dat Hindi

Hindi

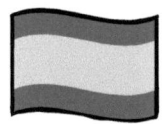

dat Spaansch

Sbaeneg

dat Franzöösch

Ffrangeg

dat Araabsch

Arabeg

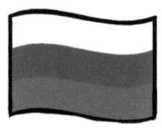

dat Rusch

Rwseg

dat Portugiesch

Portiwgaleg

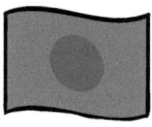

dat Bengaalsch

Bengali

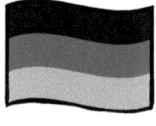

dat Düütsch

Almaeneg

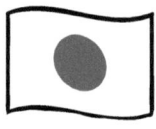

dat Japaansch

Siapanaeg

ik
fi

du
ti

he / se / dat
ef / hi

wi
ni

ji
chi

se
nhw

keen?
pwy?

wat?
beth?

woans?
sut?

woneem?
ble?

wannehr?
pryd?

de Naam
enw

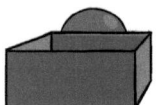

achter

y tu ôl i

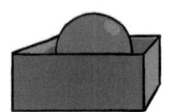

in

yn / yng / ym / mewn

vör

o flaen

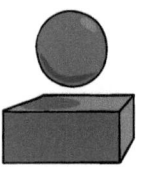

över

dros

op

ar

ünner

dan

blangen

wrth ochr

twüschen

rhwng

de Oort

lle